Berner Oberland Ost

Daniel Anker

Berner Oberland Ost

50 ausgewählte Tal- und Höhenwanderungen um
Interlaken – Lauterbrunnen – Grindelwald – Meiringen

Mit 72 Farbfotos, 47 Wanderkärtchen im Maßstab
1: 50 000, 1: 100 000, 1: 200 000 sowie
einem Übersichtskärtchen im Maßstab 1: 600 000

BERGVERLAG ROTHER GMBH • MÜNCHEN

Umschlagbild: Der höchste Gipfel der Berner Alpen, das Finsteraarhorn (4273 m), als Begleiter: Wandern bei der Lauteraarhütte (Tour 36).

Bild gegenüber dem Titel (Seite 2): Durch geschützten Arvenwald führt der Weg am Grimselstausee Richtung Lauteraarhütte (Tour 36).

Bildnachweis: Alle Fotos von Daniel Anker, ausgenommen die Fotos der Seiten 83 (Walter Anker) und 92 (Emanuel Balsiger).

Kartographie:
Wanderkärtchen im Maßstab 1: 50 000, 1: 100 000
und 1: 200 000 © Bergverlag Rother.
Übersichtskarten im Maßstab 1: 600 000 © Freytag & Berndt, Wien

3. Auflage 2000

ISBN 3-7633-4012-2

Bergverlag Rother · Haidgraben 3 · D-85521 Ottobrunn
Tel. (089) 608669-0 · **Fax** (089) 60866969
Internet www.rother.de · **E-mail** leserzuschrift@rother.de

Vorwort

»Weder Chamonix noch Zermatt können sich, meiner Meinung nach, messen mit der Großartigkeit und der Genialität des Entwurfes des Berner Oberlandes. Kein Gebilde der Natur, das ich jemals sah, ist vergleichlich mit der Erhabenheit jener überwältigenden Bergmauer, die, scheinbar in der Luft schwebend, sich dem entzückten Auge in Lauterbrunnen und Grindelwald zeigt. Die Hügel zu ihren Füßen, der Dünung vergleichbar vor den Granitklippen der englischen Westküste, stehen in einem höchst wirkungsvollen Gegensatz zur ernsten Großartigkeit dieser Berge. Im ganzen Bereich der Alpen gibt es keinen Eisstrom, der den Adel des Aletsch-Gletschers erreicht, wie er in einer königlichen Kurve sich herabschwingt von der Kammhöhe des Gebirges in die Wälder des Rhônetals. Und kein anderer Berg, keine der Nadeln der Mont-Blanc-Gruppe noch selbst das Matterhorn besitzt eine schönere Linie als der Eiger, der wie ein Ungeheuer sich gen Himmel reckt.«
Der Engländer Leslie Stephen (1832-1904) prägte als Erstbesteiger so großer Gipfel wie Schreckhorn (im Jahre 1861), Bietschhorn, Zinalrothorn oder Monte Disgrazia nicht nur die Geschichte des Alpinismus, sondern mit dem 1871 erschienenen (und 1936 erstmals auf Deutsch publizierten) Buch »The Playground of Europe« auch gleich das, was die Alpen in den letzten 250 Jahren geworden sind: der Spielplatz Europas.
Das Berner Oberland, vor allem sein östlicher Teil mit den Mittelpunkten Lauterbrunnen und Grindelwald, gilt als Geburtsort des Alpentourismus. Hier entdeckten Dichter die Schönheit der Berge. »Die Alpen« betitelte 1732 der Berner Albrecht von Haller kurz und bündig sein bahnbrechendes Gedicht. Es wurde gelesen, von Dichtern und von gewöhnlichen Sterblichen. Letztere folgten als Touristen Hallers und Stephens Spuren, zuerst mit Kutsche und Schiff, später mit Bahn und Auto. Allerdings hielt schon der gebürtige und später in die Schweiz eingebürgerte Deutsche Johann Gottfried Ebel in seinem 1793 erstmals aufgelegten Reiseführer »Anleitung auf die nützlichste und genussvollste Art in der Schweitz zu reisen« fest: »Es giebt sicher keine gesundere, stärkendere, die Lebenskräfte vermehrende Bewegung als das Reisen zu Fuss in einem gebirgigten Lande.«
Erleben wir zu Fuß die Welt zu Füßen von Eiger, Jungfrau und Schreckhorn. Dafür will »Berner Oberland Ost« der Wanderführer sein, ein »kleines Taschenbuch« wie Jakob Samuel Wyttenbachs Werk aus dem Jahre 1777, um »dem Fremdling den rechten Weg zu weisen«.

Bern, im Sommer 2000 — Daniel Anker

Inhaltsverzeichnis

Touristische Hinweise von A bis Z

Anforderungen: Von kinderleicht bis sehr anspruchsvoll
Die meisten der hier vorgestellten Wanderungen im östlichen Berner Oberland (und den angrenzenden Regionen im Wallis) verlaufen auf markierten Wegen und Pfaden. Im voralpinen und alpinen Gelände sind dennoch vielfach Trittsicherheit und Schwindelfreiheit erforderlich. Länge und Höhenunterschiede vieler Wanderungen setzen eine entsprechende Kondition voraus. Orientierungsinn kann zuweilen selbst auf markierten Routen nötig sein. Um die jeweiligen Anforderungen auf den ersten Blick besser einschätzen zu können, werden die Wandervorschläge mit verschiedenen Farben bezeichnet. Ihre Bedeutung:

BLAU
Diese Wanderwege sind gut markiert, meistens ausreichend breit, kaum ausgesetzt und im Normalfall nur mäßig steil. Sie erfordern keine Bergerfahrung und können oft auch bei Schlechtwetter verhältnismäßig gefahrlos begangen werden. Diese Wanderungen dauern normalerweise nicht länger als vier Stunden. 11 Wanderungen dieses Führers sind blau (je nach gewählter Route allerdings abschnittsweise auch rot!).

ROT
Diese Bergwanderwege sind ausreichend markiert, teilweise schmal und ausgesetzt; einzelne Stellen können versichert sein. Eine Portion Trittsicherheit, Schwindelfreiheit und Kondition sowie eine passende Ausrüstung (z.B. festes Schuhwerk) sind nötig. Die Gehzeit auf diesen Wanderungen kann bis zu 8 Stunden betragen. 31 Touren in diesem Führer gehören zur roten Kategorie.

SCHWARZ
Diese Wege und Steige – manchmal markiert (teilweise sogar als offizielle Bergwanderwege), manchmal aber auch weglose Routen – sind trittsicheren, schwindelfreien, konditionsstarken, orientierungserfahrenen Bergwanderern und Berggängern vorbehalten. Der Gebrauch der Hände zur Fortbewegung im steilen, felsigen Gelände kann manchmal nötig sein. Es wurden keine Gletschertouren aufgenommen, aber trotzdem müssen manchmal Altschneefelder überquert werden (Skistöcke erweisen sich dabei als nützlich). 8 Touren in diesem Führer wurden schwarz klassiert.

Bahn, Bus, Boot: Öffentliche Verkehrsmittel für Start und Ziel
Alle Talorte, Ausgangs- und Endpunkte der vorgestellten 50 Wanderungen im östlichen Berner Oberland sind mit öffentlichen Verkehrsmitteln gut erreichbar. Das Netz von Bahnen, Bussen und Booten ist dicht geknüpft. Damit

Urlaub vom Auto: Wie hier im autofreien Wengen ist fürs Wandern kein PKW nötig.

man sich rasch über die Linien, Verbindungen und Fahrpläne orientieren kann, sind jeweils die Fahrplanfelder des offiziellen Kursbuchs der Schweiz in Klammern angeführt. Dabei bedeuten: 3 Ziffern = Bahn, 3+2 Ziffern = Bus/Postauto, 4 Ziffern = Seilbahn, Schiff. Bei den Postautos und Seilbahnen stehen im Kursbuch auch Telefonnummern, wo weitere Informationen erhältlich sind. Das Kursbuch besteht aus drei Bänden: blau = Bahnen, Seilbahnen, Schiffe; gelb = Autobusse; ein dünner blauer Band enthält die internationalen Verbindungen. Praktisch sind die regionalen Fahrpläne sowie die gelben Fahrplanauszüge mit Bus- und einzelnen Bahnlinien, die an Bahnschaltern erhältlich sind.

Chästeilet: Volksfeste zum Mitmachen

Wo im Herbst der Käse geteilt wird und wo sich die starken Männer im Sägemehlring gegenseitig aufs Kreuz zu legen versuchen (»Schwingen« nennt man diesen eidgenössischen Nationalsport), wo Schäferfeste stattfinden und was es sonst an Abwechslungen zum Wandern gibt, steht im Info-Prospekt »Sommer« des Verkehrsverbands Berner Oberland; auch die örtlichen Verkehrsvereine wissen Bescheid.

Östlichster Weg ins Oberland: Alte Sustenstraße mit Steingletscher (Tour 41).

Dauer: Auf eine Viertelstunde genau

Die Gehzeiten beziehen sich auf ein durchschnittliches Marschtempo von etwa 4 km im flachen bzw. etwa 300 Höhenmeter (Aufstieg) im geneigten Gelände, pro Stunde und bei normalen Verhältnissen. Pausen sind nicht einberechnet. Die Gehzeiten wurden auf 15 Minuten gerundet, so daß sich Abweichungen zu den Zeitangaben auf den Wegweisern ergeben.

Eurocity: Mit dem ICE ins Berner Oberland

Das Berner Oberland liegt einerseits an der Bahnlinie Deutschland-Italien; andererseits ist aber Interlaken auch Zielbahnhof internationaler Reisezüge. Bequemer und schneller als mit der Bahn gehen An- und Rückreise also nicht. Seit Ende Mai 1995 verkehrt der ICE »Thunersee« zwischen Deutschland und Interlaken (Hamburg ab 8.24 Uhr, Interlaken Ost an 17.20 Uhr), also gerade rechtzeitig für einen Spaziergang in der Oberländer Metropole vor dem Abendessen. Der Eurocity »Matterhorn« Wiesbaden–Brig erreicht Spiez nach dem Mittagessen im Speisewagen. Der europäische Schnellzug Amsterdam–Interlaken heißt werbeträchtig »Berner Oberland«.

Führer: Vier SAC-Führer und andere Werke

- Franz und Brigitte Auf der Maur: 20 Bergwanderungen Region Berner Oberland. Werd Verlag, Zürich 1999.
- Berge: Nr. 5, Das Dreigestirn der Alpen. Eiger, Mönch und Jungfrau; Nr. 63, Furka, Grimsel, Susten. Gipfel, Gletscher und Granit.
- Clubführer Berner Alpen: Band 2, Gemmi bis Petersgrat (1993); Band 4, Petersgrat bis Finsteraarjoch (1997); Band 5, Von Grindelwald zur Grimsel (1996); Berner Voralpen (1997). Alle Verlag Schweizer Alpen-Club.
- Inventar historischer Verkehrswege IVS: Wanderungen auf historischen Wegen. 17 Ausflüge zu Denkmälern der Kultur- und Verkehrsgeschichte. Ott Verlag, Thun 1990.
- Rose Marie Kaune, Gerhard Bleyer: Die schönsten Höhenwege im Berner Oberland. Bruckmann Verlag, München 1993.
- Werner und Margrit Munter: Berner Alpen, Gebietsführer. Bergverlag Rother, München 1995.
- Ulrich Tubbesing: Rund um den Vierwaldstättersee, Rother Wanderführer. Bergverlag Rother, München 1999.

Gebrauch des Führers: Ein Netz von Tageswanderungen

Das Inhaltsverzeichnis gibt einen Überblick über die Wandervorschläge, die nach fünf Regionen gegliedert sind; zu jeder dieser Regionen gibt es eine kurze Einleitung. Die Touren wurden so ausgewählt, daß sich der Endpunkt der einen Wanderung mit dem Start der nächsten deckt. Es entstand somit ein mit allen touristischen Informationen geknüpftes Wegnetz durchs ganze östliche Berner Oberland zwischen Brienzer Rothorn und Grimselpaß, Interlaken und Sustenpaß.

Den einzelnen Vorschlägen sind steckbriefartig die wichtigsten Informationen vorangestellt: Talort, Ausgangs- und Endpunkt, Gehzeiten und Höhenunterschied, Anforderungen und Jahreszeit, Einkehr und Unterkunft, Sehenswertes, Karte, Varianten, Anschlußtouren und Tip. An eine Charakterisierung der Wanderung schließt sich die Beschreibung des Wegverlaufs an. In einem farbigen Kartenausschnitt ist die Route eingezeichnet. Ein Foto ergänzt die Beschreibung. Übersichtskarten informieren über die geographische Lage der einzelnen Wanderungen. Im Stichwortverzeichnis sind alle Berge, Pässe und Ziele, alle Talorte, Ausgangs-, End- und Stützpunkte angeführt.

Höhenunterschied: Auch der Abstieg zählt

Aufstieg und Abstieg sind angegeben. Denn nicht allein das Höhersteigen braucht Kraft und Ausdauer, sondern auch (vielleicht noch mehr) das Hinabbremsen. Die Höhenangaben stammen aus der Landeskarte der Schweiz, wobei die Dezimeter generell (außer bei wichtigen Punkten) weggelassen wurden.

Information: Adressen der Verkehrsvereine

- Allgemein: Berner Oberland Tourismus, Jungfraustraße 38, CH-3800 Interlaken, ✆ 033/8230303, Fax 033/8230330, e-mail: info@berneroberland.ch, Internet: www.berneroberland.com
- Örtliche Verkehrsvereine (alphabetisch geordnet, mit Postleitzahl):

3855 Brienz	✆ 033/9528080
3550 Langnau im Emmental	✆ 034/4023434
6390 Engelberg	✆ 041/6373737
3619 Eriz	✆ 033/4532454
3818 Grindelwald	✆ 033/8541212
3804 Habkern	✆ 033/8431301
6084 Hasliberg	✆ 033/9725151
3800 Interlaken	✆ 033/8222121
3807 Iseltwald	✆ 033/8451201
3723 Kiental	✆ 033/6761010
3822 Lauterbrunnen	✆ 033/8551955
3860 Meiringen-Haslital	✆ 033/9725050
6068 Melchsee-Frutt	✆ 041/6691210
3825 Mürren	✆ 033/8568686
3981 Obergesteln	✆ 027/9732700
3823 Wengen	✆ 033/8551414

Jahreszeit: Sommersonne auf dem Jungfraujoch

Günstig fürs Wandern im Berner Oberland ist der Sommer von Juli bis Anfang Oktober. Im Juni und ab Mitte Oktober muß an den höheren Zielen mit Alt- bzw. Neuschnee gerechnet werden, während tiefer gelegene Ziele im Spätfrühling und -herbst durchaus zugänglich sind. Bei der Planung im Herbst müssen evtl. die Betriebszeiten der Bergbahnen und Postautos sowie militärische Schießübungen einbezogen werden.

Bei Föhnlage meide man Wanderungen am Hauptkamm der Berner Alpen, zum Beispiel auf dem Grimselpaß. Hingegen kann es im unteren Teil der Föhntäler sonnig (und windig) sein. Der Wetterbericht (✆ 162) wird täglich fünfmal aktualisiert. Des weiteren gibt es ab 17 Uhr den Spezialwetterbericht von SMA/Meteo Schweiz, ✆ 157126211, sowie unter ✆ 157126218 den Schweizer Alpenwetterbericht.

Karten: Viele Wanderkarten

Die Nummern beziehen sich auf die Landeskarte der Schweiz: 4 Ziffern = Maßstab 1: 25 000; 3 Ziffern = Maßstab 1: 50 000 (ist bei diesen noch ein »T« dabei, so ist das Blatt auch als offizielle Wanderkarte der »Schweizer Wanderwege« erhältlich). Daneben gibt es viele andere Karten mit eingezeichneten und oft erläuterten Wanderrouten, herausgegeben häufig von den örtlichen Verkehrsvereinen auf der Basis der offiziellen Landeskarte (erhältlich teilweise auch an den Bahnstationen). Empfehlenswert sind:

- Jungfrau-Region, Oberhasli (Berner Oberland Ost), 1: 60 000, Kümmerly+Frey (deckt mit Ausnahme des Aufstiegs von Engelberg zum Trüebsee alle in diesem Führer beschriebenen Touren ab)
- Grindelwald, 1: 25 000, MPA Verlag und Verkehrsverein
- Grimsel–Furka–Susten, 1: 50 000, Naturfreunde Schweiz, MPA Verlag
- Oberhasli–Meiringen–Hasliberg, 1: 50 000, Verkehrsverein Hasliberg

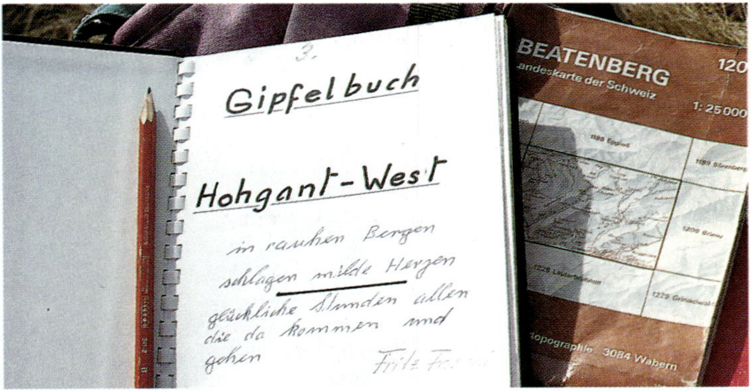

Lassen Wanderherzen höher schlagen: Gipfelbuch und Karte.

- Lauterbrunnen–Mürren–Wengen, 1: 40 000, Verkehrsverein Lauterbrunnen
- Kiental–Griesalp–Reichenbach, 1: 25 000, Verlag Egger, Frutigen

Literatur: Berner Heimatbücher

- Daniel Anker: Jungfrau – Zauberberg der Männer, AS Verlag, Zürich 1996.
- Daniel Anker: Finsteraarhorn, die einsame Spitze, AS Verlag, Zürich 1997.
- Daniel Anker: Eiger, die vertikale Arena, AS Verlag, Zürich 2000.
- Berner Heimatbücher: Verschiedene Themen, zum Beispiel Brienzersee, Grindelwald, Lauterbrunnen–Wengen–Mürren, Eiger, Brienz, Grimsel, Hohgant, Hasliberg. Alle Verlag Paul Haupt, Bern.
- Therese Bichsel: Schöne Schifferin. Auf den Spuren einer aussergewöhnlichen Frau. Zytglogge Verlag, Bern 1997.
- Markus Krebser: Interlaken – Eine Reise in die Vergangenheit. Verlag Krebser, Thun 1990.
- Gottlieb Jakob Kuhn: Wanderungen im Berner Oberland vor 200 Jahren. Verlag Krebser, Thun 1997.
- Jürg Schweizer: Kunstführer Berner Oberland. Büchler Verlag, Bern 1987.
- Dominik Siegrist, u.a.: Alpenglühn. Auf TransALPedes-Spuren von Wien nach Nizza. Rotpunktverlag, Zürich 1993.
- Peter Krebs, Dominik Siegrist: Klimaspuren. 20 Wanderungen zum Treibhaus Schweiz, Rotpunkt-Verlag, Zürich 1997.
- Dominik Siegrist: Pässespaziergang. Wandern auf alten Wegen zwischen Uri und Piemont, Rotpunkt-Verlag, Zürich 1996.
- Dominik Siegrist: Winterspuren. Mit Tourenski, Snowboard und zu Fuß unterwegs in bedrohter Landschaft. Rotpunkt-Verlag, Zürich 1999.

Militär: Es wird scharf geschossen

Im Berner Oberland und teilweise auch in der angrenzenden Zentralschweiz führt das Militär wochentags (ausgenommen normalerweise im Hochsommer) an verschiedenen Orten, wie zum Beispiel im Urbachtal und im Eriz, Schießübungen durch. Es empfiehlt sich deshalb die vorherige Erkundigung, wenn beim Stichwort »Jahreszeit« auf diese besondere Gefahr hingewiesen wurde: Regionale Auskunftsstelle über militärisches Schießen, Bern (✆ 031/3242525). Trifft man in militärischen Schießgebieten auf Blindgänger, sollten diese Geschoße nie berührt, ihr Standort jedoch markiert und gemeldet werden (✆ 1551200).

Natur- und Umweltschutz: Die Alpenwelt bewahren

- Keinen Dreck zurücklassen, weder Abgase noch Abfall.
- Tiere, Pflanzen und Steine (Mineralien) schonen.
- Respekt zeigen vor den Einheimischen und ihrem Eigentum (Alphütten, Tiere); Weidegatter schließen.
- Markierte Wege nicht verlassen.

Beliebtester Sport: Bergwandern, zum Beispiel unter den Wetterhörnern (Tour 28).

Orientierung: Links ist nicht gleich links
Die Angaben links/rechts erfolgen im Sinne von Auf- und Abstieg; auf der rechten Talseite, am rechten Ufer ist jedoch genau definiert (in Fließrichtung). Die Namensgebung erfolgt nach der Landeskarte der Schweiz im Maßstab 1: 25 000. Die Flurnamen wurden meist in der Dialektfassung belassen.

Pass: Swiss oder Regional
Mit Swiss-Pass, Swiss-Flexi-Pass oder Swiss-Card reisen – die Niederlassungen von Schweiz Tourismus (www.MySwitzerland.com) wissen mehr:

D-10178 Berlin, Radisson SAS, Karl-Liebknecht-Str. 5, ✆ 030/24727406;
D-60311 Frankfurt, Roßmarkt 23, ✆ 069/25600126 oder 137;
D-20095 Hamburg, Rathausmarkt 5, ✆ 040/330731;
D-80333 München, Brienner Straße 14/III, ✆ 089/28659903;
A-1015 Wien, Neuer Markt 4, ✆ 01/513264013
NL-1017 DR Amsterdam, Johannes Vermeer Straat 16, Postbus 75387, ✆ 020/6255394.

Ebenfalls empfehlenswert: Regionalpass Berner Oberland für 7 bzw. 15 Tage, mit 3 bzw. 5 Tagen freier Fahrt auf vielen (Berg-)Bahnen und mit 4 bzw. 10 Tagen 50 % Ermäßigung.

Rettung: Wichtige Telefonnummern
- Schweizerische Rettungsflugwacht REGA ✆ 1414
- Polizeinotruf ✆ 117
- Sanitätsnotruf ✆ 144

Sport: Vielfältige Programme
Sport wird auf dem Spielplatz Europas groß geschrieben. In alphabetischer Reihenfolge: Alpinismus, Badminton, Ballonfahren, Canyoning, Curling, Deltafliegen, Fischen, Gleitschirmfliegen, Golf, Grasskifahren, Hochtouren, Hydrospeed, Inlineskaten, Klettern, Laufen, Mountainbike, Reiten, Riverrafting, Rodeln, Rudern, Schwimmen, Seekajak, Segeln, Skifahren, Snowboarden, Tauchen, Tennis, Windsurfen – und Wandern natürlich.

Trekking: Die schönsten Mehrtageswanderungen
47 der 50 vorgeschlagenen Wanderungen sind Tagestouren; viele von ihnen lassen sich zu mehrtägigen Wanderungen verknüpfen. Drei schöne Trecks:
- Rund um den Brienzersee: Oben blau, unten blau, und dazwischen über weiße Steinfelder, grüne Weiden und Grate. Wenn möglich oben übernachten, um Sonnenauf- und -untergänge nicht zu verschlafen.
  Die Etappen: 1. Interlaken–Schynige Platte; 2. Schynige Platte–Faulhorn; 3. Faulhorn–Giessbach–Brienzer Rothorn; 4. Brienzer Rothorn–Bitschigrind–Oberried; 5. Oberried–Augstmatthorn–Harder–Interlaken. Siehe Touren 23, 24, 26, 2, 4, 5.

Traumberg Jungfrau (4158 m): Eine Trekkingwoche an ihrem Fuß verbringen.

■ Gipfel im Banne der Jungfrau: Sieben Tage, sieben Gipfel (wenn man das Tanzbödeli als einen solchen bezeichnet), drei Nächte in den Tourismusdörfern Mürren, Wengen und Grindelwald, drei Nächte in aussichtsreichen Hütten und Berghotels, und immer im Brennpunkt, aber unter verschiedenen Blickwinkeln: die Jungfrau, der höchste und leuchtendste Gipfel im Oberländer Dreigestirn. Kurz: eine unvergeßliche Wanderwoche im Jungfrau-Gebiet.

Die Etappen: 1. Saxeten–Bällehöchst–Suls–Lobhornhütte; 2. Lobhornhütte–Soustal–Bietenhorn–Mürren; 3. Mürren–Gimmelwald–Busenalp–Tanzbödeli–Obersteinberg; 4. Obersteinberg–Stechelberg–Trümmelbachfälle–Wengen: 5. Männlichen–Kleine Scheidegg–Grindelwald; 6. Grindelwald–Reeti–Faulhorn; 7. Faulhorn–Schynige Platte–Geiss–Wilderswil. Siehe Touren 9, 11, 14, 15, 18-20, 27, 24, 23.

■ Oberhasli-Runde für Meisterwanderer: Wer diese Wanderung über die atemberaubendsten Wege und Steige des Oberhaslis unternehmen will, muß so furchtlos und unermüdlich wie Sherlock Holmes sein; vielerorts lauern Abgründe wie beim Reichenbachfall, der dem Meisterdetektiv zum Verhängnis wurde.
Die Etappen: 1. Meiringen–Reichenbachfall–Rosenlaui; 2. Rosenlaui–Dossenhütte; 3. Dossenhütte–Innertkirchen; 4. Innertkirchen–Bänzlauialp–Furtwangsattel–Windegghütten; 5. Windegghütten–Furen–Tällihütte; 6. Tällihütte–Klettersteig Tälli–Engstlenalp; 7. Engstlenalp–Melchsee–Hochstollen–Käserstatt–Hasliberg. Siehe Touren 32, 31, 38, 39, 42, 47.

Unterkunft: Hütten und Hotels
Wenn möglich, werden die Unterkunftsmöglichkeiten mit Telefonnummern einzeln angegeben. Oft stehen auch die Öffnungszeit, die Anzahl der Plätze und andere wichtige Informationen dabei. Für Unterkünfte in den Talorten wende man sich an die örtlichen Verkehrsvereine. In den meisten Unterkünften kann auch eingekehrt werden; das Umgekehrte gilt jedoch nicht.

Verpflegung: Milch und Alpkäse
Verpflegungsmöglichkeiten bestehen in allen Oberländer Dörfern, in den wichtigen Touristenorten auch sonntags. Allerdings kann man zuweilen auch auf der Wanderung selbst etwas einkaufen: ein Stück Käse zum Beispiel in einer bewirtschafteten Sennhütte oder bei einem Bergbauernhof; meistens weist ein Schild auf den Direktverkauf ab Alm. Käse, Milch und manchmal einen Kaffee mit Sahne gibt's auch in den Bergrestaurants am Weg.

Wege: Gelb, weiß-rot-weiß und weiß-blau-weiß
Die Markierung der Wander- und Bergwanderwege in der Schweiz und im Fürstentum Liechtenstein ist einheitlich und erfolgt nach den von den »Schweizer Wanderwegen« aufgestellten Richtlinien. Die Markierung besteht aus Wegweisern mit oder ohne Zeitangaben, Richtungszeigern, Rhomben und Farbmarkierungen. Wanderrouten sind gelb, die anspruchsvolleren Bergwanderrouten weiß-rot-weiß markiert. Noch schwieriger sind die nicht gesetzlich erfaßten alpinen Routen, die weiß-blau-weiß markiert sind. Die »Berner Wanderwege« haben im Kanton Bern ein Wanderwegnetz von gut 9000 km Länge mit mehr als 1200 verschiedenen Wanderrouten und über 10 000 Wegweiserstandorten aufgebaut und markiert.

Ziel: Nochmals 50 Oberländer Wanderungen
Weitere Infos zum Berner Oberland, und vor allem 50 andere Touren, die teilweise nahtlos an die in diesem Führer vorgestellten Routen anschließen, finden sich im Rother Wanderführer »Berner Oberland West: Thunersee – Gstaad – Lenk – Kandersteg«.

Neuchâtel
(Neuenburg)
Cudrefin
Kerzers
Fräschels
Ortschwaben
Wohlen
BERN
Bolligen
Buttenried
Frauenkappelen
Praz
Galmiz
Murtensee
Gümmenen
Gümligen
Enggistein
Bigenthal
Boll
Worb
Arnisäge
Signau
Gempenach
Salavaux
Murten
Oberbottingen
Rosshäusern
Köniz
Gurten
Wabern
Muri
Gross-höchstetten
Portalban
Faoug
Laupen
Neuenegg
Gasel
Zimmerwald
Belp
Rubigen
Zäziwil
Chevroux
Courgevaux
Grossgurmels
Flamatt
Thörishaus
Münsingen
Konolfingen
Avenches
Niederscherli
Oberbalm
Courtepin
Mülital
Albligen
Toffen
Ob. Wichtrach
Linden
Domdidier
Courtion
Düdingen
Gerzensee
Oberdiessbach
Heitenried
Rüeggisberg
Kirchenthurnen
Léchelles
Belfaux
Mariahilf
Tafers
Schwarzenburg
Kirchdorf
Kiesen
Heimenschwand
Prez-vers-Noréaz
Arly-s. M.
Fribourg (Freiburg)
Riggisberg
Bleiken
St. Ursen
Wengliswil
Rüti-b. R.
Steffisburg
Neyruz
Marly
Guggisbg.
Burgistein
Uetendf.
Goldiwil
Hauterive
Giffers
Riffenmatt
Wattenwil
Chénens
Posieux
Le Mouret
Plaffeien
Thun
Autigny
Amsoldingen
Gwatt
Oberhofen
Farvagny-le Grand
Rossens
Plasselb
Schwefelberg Bad
Oberstocken
Gunten
Romont
Le Bry
La Roche
Sangernboden
Stockhorn
Einigen
Spiez
Villarlod
Reutigen
Le Châtelard
Vuippens
Schwarzsee
Oberwil
Erlenbach
Wimmis
Vuisternens-d. R.
Le Valsainte
Weissenburg
Diemtigen
Maules
Villarvolard
Boltigen
Reichenbach
Crésuz
Charmey
Jaun
Reidenbach
Horboden
Vaulruz
Bulle
Broc
Wengi
Jaunpaß
Frutigen
Semsales
Gruyères
Moléson
Mannried
Kurheim Grimmialp
Villars-s. M.
Dent d. Ruth
Zweisimmen
Blankenburg
Kandergrund
Châtel-St. Denis
Le Moléson
Grandvillard
Saanenmöser
Spillgerten
Schönried
Grodei
Les Sciernes
Adelboden
Kandersteg
Montbovon
Pays d'Enhaut
Rougemont
Saanen
Gstaad
Albristhorn
Gilbach
Château-d'Oex
Rossinières
Les Avants
Giferhorn
Lenk
Engstligenalp
L'Etivaz
Lauenen
Rochers de Naye
Feutersoey
Wildstrubel
Balmhorn
Les Mosses
Col des Mosses
Iffigen
Rennaz
Le Sépey
Gsteig
Leukerbad
Corbeyrier
Wildhorn
Lac de Tseuzier
Leysin
La Forclaz
Les Diablerets
Col du Pillon
Inden
Albinen
Aigle
Plambuit
Col d. l. Croix
Pra Combera
Montana
Salgesch
Leuk
Chesières
Les Diablerets
Anzère
Crans
Sierre
Susten
Ollon
Villars-
Solalex
Noës
Derborence
Botyre
Lens
Chippis
Beauregard
Oberems
Gryon
St.-Germain
Grimisuat
Chalais
Niouc
Chandolin
Bex
Les Plans
Freiburger Alpen
Simmental
Berner Oberland
Engstligental
Simme
Kander
Sarine
Saane
Gruyère

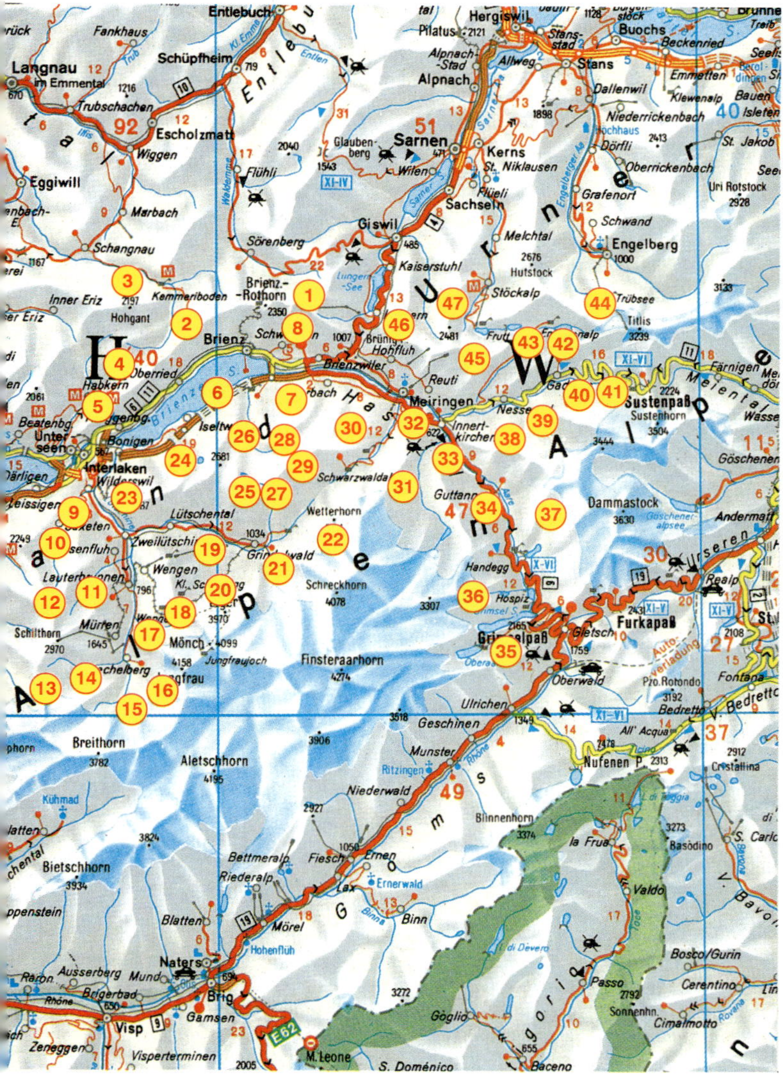
Entlebuch
Hergiswil
Pilatus
Buochs
Beckenried
Stans
Stansstad
Alpnach
Alpnachstad
Langnau im Emmental
Fankhaus
Schüpfheim
Trubschachen
Escholzmatt
Wiggen
Emmetten
Dallenwil
Niederrickenbach
Oberrickenbach
Dörfli
Kerns
St. Niklausen
Sarnen
Wilen
Glaubenberg
Flühli
Sachseln
Flüeli
Eggiwil
Marbach
Giswil
Grafenort
Schwand
Engelberg
Uri Rotstock
St. Jakob
Isleten
Bauen
Melchtal
Hutstock
Sörenberg
Schangnau
Kaiserstuhl
Stöckalp
Trübsee
Titlis
Lungern-See
Inner Eriz
Hohgant
Kemmeriboden
Brienz
Brienz-Rothorn
Brünig
Hohfluh
Brienzwiler
Meiringen
Reuti
Habkern
Oberried
Beatenberg
Unterseen
Interlaken
Bönigen
Iseltwald
Wilderswil
Färnigen
Sustenpaß
Sustenhorn
Nessental
Innertkirchen
Schwarzwaldalp
Guttannen
Göschenen
Dammastock
Andermatt
Lütschental
Zweilütschinen
Grindelwald
Wetterhorn
Wengen
Lauterbrunnen
Schreckhorn
Handegg
Hospiz
Realp
Furkapaß
Gletsch
Grimselpaß
Schilthorn
Mürren
Mönch
Jungfraujoch
Jungfrau
Finsteraarhorn
Oberwald
Fontana
Auto-verladung
Pzo. Rotondo
Ulrichen
Bedretto
Geschinen
Münster
Nufenen P.
All' Acqua
Cristallina
Breithorn
Aletschhorn
Ritzingen
Niederwald
Blinnenhorn
Kühmad
Bietschhorn
Bettmeralp
Fiesch
Ernen
Riederalp
Lax
Ernerwald
Binn
la Frua
Valdo
Basodino
S. Carlo
Blatten
Mörel
Hohenflüh
Naters
Brig
Raron
Ausserberg
Mund
Brigerbad
Visp
Gamsen
Zeneggen
Visperterminen
Gòglio
Passo
Bosco/Gurin
Cerentino
Cimalmotto
Sonnenhn.
M. Leone
S. Doménico
Baceno
E62

Brienzersee: Berge und Boote

»Seine Ufer sind von stattlichen, hohen, waldbewachsenen Bergen und schroffen Felsen ringsum umgeben«, vermerkt 1844 der erste Baedeker-Reiseführer für die Schweiz zum Brienzersee. Beim Stichwort »Brienz« hält er fest: »Eigenthümlich und melodisch ist der Gesang der meist hübschen Schifferinnen, welche den Fremden über den See fahren.« Erhabenheit und Idylle: Mit diesen kontrastierenden Elementen segelt der Tourismus im Berner Oberland seit seinen Anfängen. Die »belles batelières de Brienz« weckten bei den männlichen Reisenden zu Beginn des 19. Jahrhunderts manchmal mehr als nur romantische Gefühle. Die geplatzte Heirat zwischen einem Neuenburger Adeligen und der Schifferin Elisabeth Grossmann brachte es zu Bühnenehren in Paris; 1997 erschien der Roman »Schöne Schifferin«.
Auch ohne Ruderboote setzt eine Schiffahrt über den Brienzersee einen genußreichen Schlußpunkt unter eine Wanderung (Touren 6, 26). Wer hingegen in Kontakt mit Einheimischen und ihrer Arbeit von anno dazumal treten möchte, besucht am besten das Freilichtmuseum Ballenberg bei Brienz (Tour 8). Zu dessen Lebendigkeit gehört nämlich, daß Fachleute nach traditionellen Methoden insgesamt über 20 handwerkliche Tätigkeiten vorführen: vom Backen übers Käsen, Klöppeln und Korbflechten bis zum Weben. Von den Handwerks- und Gewerbezweigen werden pro Tag etwa zehn gezeigt. Ballenberg zählt jährlich zwischen 250 000 und 300 000 Besucherinnen und Besucher. Damit sich diese nicht allzu sehr in die faszinierende Vergangenheit flüchten können, lärmen im Frühling und Herbst Militärjets vom nahegelegenen Flugplatz Unterbach herüber. Das Freichlichtmuseum Ballenberg ermöglicht eine gleichzeitig informative und unterhaltende Tagesreise zu Fuß durch eine Schweiz, die es so gar nicht mehr gibt.
Vergangenheit und Gegenwart: Wer im 1688 erbauten Hotel »Weisses Kreuz« bei der Schiffs- und Bahnstation von Brienz einkehrt, erblickt an der Wand plötzlich Bilder von Goethe, Uhland und Byron. Wie viele andere stiegen auch diese Dichter hier ab, denn Brienz lag an der touristischen Standardroute im Berner Oberland, die von Interlaken über Lauterbrunnen, Grindelwald und Meiringen sowie über die dazwischenliegende Kleine und Große Scheidegg (Touren 20, 30) an den Brienzersee führte. Lord Byron, der mit seinem 1817 publizierten, auf der Wengernalp spielenden Drama »Manfred« Reklame für die Schweiz in England machte (wie Schiller mit dem »Wilhelm Tell« in Deutschland), hielt am 24. September 1816 in seinem Tagebuch fest: »Am Abend kamen vier Schweizer Bauernmädchen aus Oberhasli und sangen Lieder aus ihrer Gegend; zwei der Stimmen schön – die Melodien auch; sie singen auch diese Tyroler Weise.« Am anderen Morgen ging die Reise von Brienz weiter nach Interlaken: »Auf den Brientzer See hinausgefahren, in einem langen Kahn, der von Frauen gerudert wurde (eine sehr jung und sehr hübsch – setzte mich zu ihr und fing auch an zu

Einst ruderten Schifferinnen die Gäste über den See: Hafen von Brienz.

rudern).« Später notierte der englische Reisende: »In Interlachen zu Mittag gegessen. Mädchen gab mir ein paar Blumen und hielt mir eine Rede auf deutsch, das ich gar nicht verstehe: ich weiß nicht, ob die Rede hübsch war, aber ich nehme es an, denn das Mädchen war es.«

Heute hört man in den belebten Straßen von Interlaken auch viele Frauen englisch oder amerikanisch sprechen. Übrigens: Wer beim Flanieren den Blick über die Souvenirläden und Hotelpaläste hebt, sieht bei günstigem Lichteinfall das steinige Antlitz des Hardermandli am Harder (Tour 5). Es gehört, so erzählt die Sage, dem Prior Leonhardus des Klosters Interlaken, der eine schöne Fischerstochter von Ringgenberg am Brienzersee mißbraucht hat und zu ewiger Verdammnis in die Felsen am Hausberg der Oberländer Tourismusmetropole verbannt wurde.

1 Arnihaaggen, 2207 m – Brienzer Rothorn, 2349 m

Idealer Einstieg ins (östliche) Berner Oberland

Brünigpaß – Wilervorsess – Gibel – Arnihaaggen – Brienzer Rothorn

Ausgangspunkt: Brünigpaß (1002 m) an der Bahnlinie [470] Interlaken–Luzern.
Endpunkt: Brienzer Rothorn (2349 m); vgl. Tour 2. Infos Rothornbahn: ✆ 033/9513444.
Gehzeiten: Brünig – Wilervorsess 1½ Std., Wilervorsess – Gibel 2 Std., Gibel – Arnihaaggen 45 Min., Arnihaaggen – Brienzer Rothorn 1½ Std.; Gesamtgehzeit 5¾ Std.
Höhenunterschied: Aufstieg 1530 m, Abstieg 180 m.
Anforderungen: Trittsicherheit unbedingt erforderlich. Der markierte Weg ist strekkenweise ausgesetzt und im Herbst an schattigen Stellen unangenehm gefroren.
Beste Jahreszeit: Juni bis Oktober.
Einkehr und Unterkunft: Hotel Brünig-Kulm (✆ 033/9711708). Hotel Brünig (✆ 033/9711133). Naturfreundehaus Brünig (✆ 041/6781233). Hotel Rothorn Kulm, Betten u. Lager (✆ 033/9511221).
Sehenswertes: Ein sehr spektakulärer, aussichtsreicher Weg.
Karte: 244 T Escholzmatt, 255 T Sustenpass; 1189 Sörenberg, 1209 Brienz.
Varianten: Die direkte Route über Chäseren statt Arnihaaggen ist weniger spannend und nicht viel kürzer. Von Schönbüel (2011 m), Gasthaus und Bergstation der Seilbahn von Lungern an der Brünigbahn, in 2½ Std. aufs Rothorn; schwindelfreie Gipfelstürmer überschreiten noch die Höch Gumme (2205 m).
Anschlußtouren: 2, 46.

»Der höchste Punct der Bergkette des Brienzer-Grates ist das **Rothorn**, berühmt wegen seiner Aussicht, welche derjenigen vom Faulhorn wenig nachsteht, und seitdem oben ein gutes Wirthshaus, besser als das des Faulhorns, eingerichtet ist, eben so häufig besucht wird, als das Faulhorn«, lesen wir in der ersten Ausgabe des Baedekers »Die Schweiz – Handbüch-

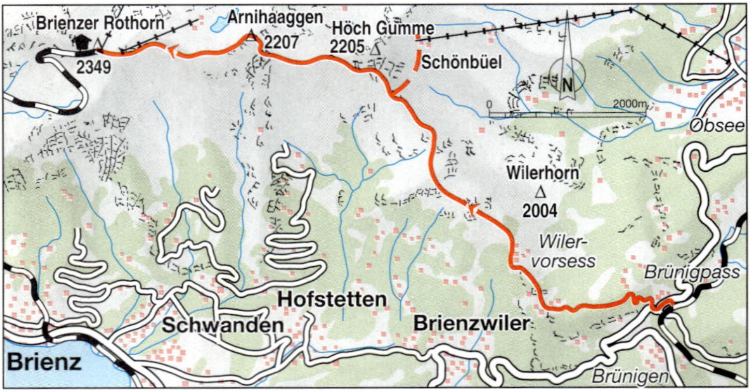

Atemberaubende Tiefblicke auf den Brienzersee: Westgratweg am Arnihaaggen.

lein für Reisende« von 1844. Welches Berghotel heute besser ist, konnte nicht geprüft werden. Doch die Aussicht vom Brienzer Rothorn, aber auch vom Arnihaaggen, ist immer noch gleich gut: Der Blick geht vom Sustenhorn zu den Diablerets und vom Jurabogen über den Säntis zurück zum Dammastock – atemberaubend wie die Tiefblicke vom vielbegangenen Weg, wo das Kreuzen oder Überholen wegen Absturzgefahr nicht immer ganz leicht ist.

Vom Bahnhof auf dem **Brünigpaß** entlang der Autostraße Richtung Meiringen bis zum Restaurant in der Kurve; hier beginnt rechts der Aufstieg. Auf einer Forststraße, immer die linken Abzweigungen nehmend, im Wald aufsteigen. Ein kurzer, ruppiger Weg führt hinauf zu den Waldlichtungen von Totzweg. Nordwärts nach **Wilervorsess** (etwa 1400 m), wo der schmale Wanderweg ansetzt, der durch die abschüssige, grasige und von brüchigen Rinnen durchfurchte Südseite des Wilerhorns auf eine Kanzel hinauszieht. Kurz dahinter, im Salewang, nimmt man den rechten Weg, der in den Sattel **Tüfengrat** (1858 m) hinaufquert. Über den kurz nur schrittbreiten Kamm der Scheidegg hinauf auf die Schulter **Gibel** (2040 m; ohne Namen auf der Karte), wo der Wanderweg von Schönbüel einmündet. Der aus der teilweise senkrechten Südseite der Höch Gumme herausgesprengte Weg führt hinüber zum Verbindungsgrat auf den Arnihaaggen und erreicht seinen Südgipfel mit ein paar Serpentinen; der Nordgipfel ist fünf Meter höher. Vom **Arnihaaggen** auf dem Westgrat und in seiner Nordseite ausgesetzt in den Sattel **Widderfeld** (2025 m) hinunter. Steil hinauf zum Triangulationspunkt und zur Aussichtsterrasse des **Brienzer Rothorns**.

2 Ällgäu Lücke, 1918 m

Vom höchsten Gipfel des Kantons Luzern durchs Oberland ins Emmental

Brienzer Rothorn – Planalp – Bitschigrind – Ällgäu Lücke – Kemmeriboden

Talort: Brienz (566 m); an der Bahnlinie [470] Interlaken–Brünig–Luzern. Oder Sörenberg (1162 m); Postauto [460.60] von Schüpfheim an der Linie [460] Luzern–Bern.
Ausgangspunkt: Brienzer Rothorn (2349 m); Zahnradbahn [475] von Brienz oder Luftseilbahn von Sörenberg.
Endpunkt: Kemmeriboden Bad (976 m); vgl. Tour 3.
Gehzeiten: Brienzer Rothorn – Planalp 2 Std., Planalp – Bitschigrind 2 Std., Bitschigrind – Ällgäu Lücke 30 Min., Ällgäu Lücke – Kemmeriboden 2 Std.; Gesamtgehzeit 6½ Std.
Höhenunterschied: Aufstieg 650 m, Abstieg 2000 m.
Anforderungen: Nur für trittsichere Wanderer; schuhbreiter, leicht überwachsener Pfad in haltloser Grasflanke zwischen Salibiel und Bitschigrind. Markierte Wege.
Beste Jahreszeit: Juni bis Oktober.
Einkehr: Restaurant Planalp.
Unterkunft: Brienzer Rothorn; vgl. Tour 1. Hotels in Brienz und Sörenberg. Hotel Kemmeriboden Bad (✆ 034/4937777). Gasthof Alpenrose in Bumbach (✆ 034/4933133). Auf dem Bitschigrind befindet sich eine meistens offene Schäferhütte mit Strohlager, Holz und Herd.
Tip: Die weißen Meringues (Schaumgebäck aus Eischnee und Zucker) in Kemmeriboden Bad.
Karte: 244 T Escholzmatt, 254 T Interlaken; 1189 Sörenberg, 1209 Brienz.
Varianten: Vom Brienzer Rothorn mit der Bahn nach Planalp (1341 m); hierher auch zu Fuß von Brienz über Gäldried (2½ Std.). Vom Bahnhof Oberried am Brienzersee in gut 3 Std. direkt hinauf zum Bitschigrind. Gipfelstürmer steigen von der Ällgäu Lücke in 15 Min. über den exponierten Gratpfad aufs Chli Schnierenhörnli (etwa 2040 m; ohne Namen und Kote auf der Karte; Gipfelbuch). Abstieg durch die grasige Nordflanke und unter den Gipfelfelsen rechts zurück zum Wanderweg.
Anschlußtouren: 1, 3, 4.

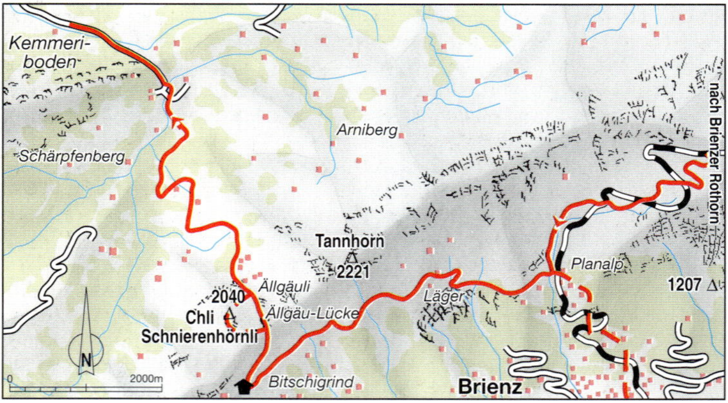

Raucht seit 1892 über die Planalp: Zahnradbahn aufs Brienzer Rothorn.

»Die Fahrt auf den 2350 m hohen Aussichtsberg mit der einzigen Dampfzahnradbahn der Schweiz ist ein einmaliges Erlebnis«, verspricht der Prospekt der Brienzer Rothornbahn. Seit 1892 schnauft die Bahn auf der Berner Seite zum Gipfel, der von der Luzerner Seite mit einer gewöhnlichen Luftseilbahn erschlossen wird. Wegen der Bahnen und der sehr beliebten Wanderung Richtung Brünigpaß (vgl. Tour 1) herrscht auf dem höchsten Punkt des Kantons Luzern fast das gleiche Gedränge wie auf der Seepromenade seiner Hauptstadt. Wer den Brienzersee und die weißen Hochalpen am Horizont alleine erleben will, wählt die Wanderung über die Ällgäu Lücke.
Vom Gipfel des **Brienzer Rothorns** an der Bergstation (etwa 2290 m) der Luftseilbahn von Sörenberg vorbei zurück zum **Hotel Kulm** (2266 m); hierher auch von der Bergstation (2244 m) der Zahnradbahn. Der Wanderweg nach Planalp quert durch die steile Grasflanke hinaus an die Gratkante, wo sich ein atemberaubender Tiefblick auftut. Weiter durch die Südwestflanke nach Oberstafel und über eine Steilstufe hinüber nach Greesgi. Auf dem Wanderweg, dann Alpsträßchen nach **Planalp** (1341 m). Kurz oberhalb davon rechts in das Sträßchen einbiegen, das sich nach Läger (1698 m) zieht. Auf dem teils sehr schmalen Höhenweg in der abschüssigen Südostflanke des Brienzergrats über Salibiel auf den **Bitschigrind** (1690 m). Ein sehr schöner Alpverbindungsweg führt durch die steile Flanke hinauf in die **Ällgäu Lücke**. Auf der Nordseite leicht hinunter, an der Alpsiedlung Ällgäuli vorbei und zuletzt auf einem Moorpfad nach **Mirrenegg** (1380 m). Auf der geteerten Straße zur Emme hinab. Dem linken Ufer entlang nach **Kemmeriboden Bad**.

3 Hohgant, 2196 m

Gipfeltour über die nördliche Bastion des Oberlandes

Kemmeriboden Bad – Furggengütsch – Vordere Hohgant – (Aff) – Hohgant West – Trogenhorn – Innereriz

Ausgangspunkt: Kemmeriboden Bad (976 m), Postauto [Linie 460.50] von Wiggen an der Bahnlinie Bern–Langnau–Luzern [460].
Endpunkt: Innereriz-Säge (1040 m), Endstation der Buslinie von Thun [310.50].
Gehzeiten: Kemmeriboden – Furggengütsch 4½ Std., Furggengütsch – Vordere Hohgant 30 Min., Vordere Hohgant – Hohgant West 1 Std., Hohgant West – Trogenhorn 45 Min., Trogenhorn – Eriz 1¾ Std.; Gesamtgehzeit 8½ Std.
Höhenunterschied: Aufstieg 1500 m, Abstieg 1440 m.
Anforderungen: Gute Kondition und Trittsicherheit nötig; teils unmarkierte Pfade.
Beste Jahreszeit: Juni bis Oktober. Im Herbst zeitweise Schießbetrieb auf der Nordseite des Trogenhorns.
Einkehr und Unterkunft: Landgasthof Kemmeriboden Bad; vgl. Tour 2. Blockhütte Hohgant, ohne Namen auf der Karte, private Hütte der Sektion Emmental des SAC, 25 Plätze, Selbstversorgung, Hütte geschlossen, Auskunft und Schlüssel ✆ 034/4023296. Restaurant Säge in Innereriz (Mi geschl., ✆ 033/4531321).
Sehenswertes: Die zahlreichen Steinmänner auf dem Furggengütsch (sieht aus wie eine heidnische Kultstätte). Der genial angelegte Zickzackpfad durch die Nordwestflanke und -rinne des Trogenhorns.
Karte: 244 T Escholzmatt, 254 T Interlaken; 1189 Sörenberg, 1208 Beatenberg, 1209 Brienz.
Varianten: Ohne Furggengütsch und Trogenhorn 1¼ Std. kürzer. Auch der Hohgant West kann umgangen werden.
Anschlußtouren: 2; aus Rother Wanderführer Berner Oberland West 46, 47.

Überschreitung von Ost nach West des ganzen ins hügelige Emmental vorgeschobenen Gebirgstocks, oft schmale Pfade, nur kurze Strecken auf Sträßchen, vier Gipfel(bücher), ein Zusatzgipfel, ein packendes 360°-Panorama: So sieht diese Gratwanderung im Kern des eidgenössischen Naturschutzgebietes Hohgant in Stichworten aus.

Von **Kemmeriboden Bad** taleinwärts auf dem Sträßchen bis zur Verzweigung auf dem Harzisboden. Auf dem rechten Fahrweg nach **Schärpfenberg**

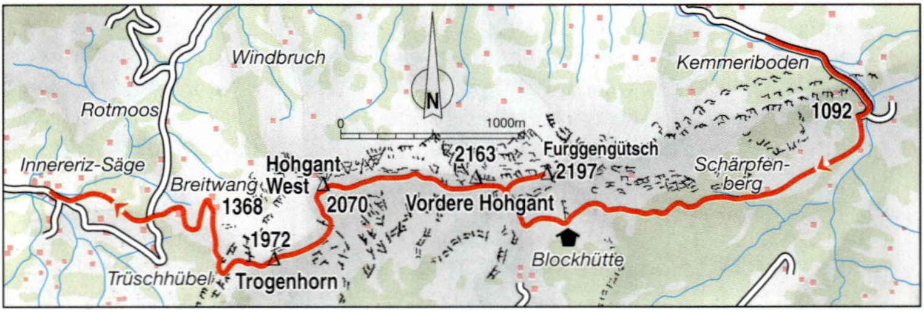

Höchster Punkt im Naturschutzgebiet Hohgant: Bergwandergipfel Furggengütsch.

(1271 m) und auf dem Wanderweg zur **Blockhütte Hohgant** (1805 m). Nordwestwärts auf dem markierten Pfad in den Trichter zwischen (Vordere) Hohgant und Furggengütsch, darin gegen einen Sattel hinauf und entlang dem Westgrat etwas ausgesetzt zum **Furggengütsch** (2196 m), dem höchsten Punkt des Hohgant-Stocks. Zurück in den erwähnten Trichter, doch nun zuerst steil, dann flach aufs Gipfeldach des eigentlichen Hohgant, der zur besseren Unterscheidung **Vordere Hohgant** (2163 m) genannt wird. Über das steinig-grasige Gipfelplateau weglos westwärts; wo es sich zum Grat verengt, beginnt der unmarkierte Pfad. Er führt südseitig um den Gratturm des **Aff** (2036 m) herum; diesen kann man auch überqueren (schwieriger; zwei kurze, ausgesetze Stellen, wo die Hände benützt werden müssen). Der Pfad folgt dem Wysschrüzgrat in einen ersten und einen zweiten Sattel (1976 m) und zieht nun weit unterhalb des Grats flach in eine Mulde. Um zum Hohgant West aufzusteigen, verläßt man ihn ein paar Minuten nach der Stelle, wo man kurz über eine Felsstufe absteigen mußte. Auf Pfadspuren über einen steilen Grashang links einer Platte aufsteigen und über das oberste Stück des Ostgrats auf den **Hohgant West** (2070 m). Gipfelkreuz und -buch befinden sich aber weiter südwestlich bei P. 2062,7 m. Von hier wieder auf einem markierten Weg über den Südgrat in den Chrinde-Sattel (1969 m) und entlang dem Westgrat in den Trogenhorn-Sattel (1875 m, ohne Namen auf der Karte); Leitern erleichtern den Abstieg durch eine jähe Rinne; teilweise ausgesetzter Pfad. Über den Ostgrat aufs **Trogenhorn** (1973 m); im Mittelteil Steilstufe mit Leiter, oben grobe Felsblöcke. Auf dem Pfad entlang dem Südwestgrat in einen Sattel. Der Weg zickzackt durch die Nordwestrinne und die Steilhänge darunter in die Tiefe; zuletzt hinüber zum Hof **Ober Breitwang**. Auf einer Alperschließungsstraße bis zur Kreuzung beim Ferienheim und auf dem Wanderweg direkt über einen Rücken hinab nach **Innereriz-Säge**.

4 Augstmatthorn, 2137 m

Kammwanderung mit einmaligem Nah-, Tief- und Fernblick

(Interlaken) – Harder – Horet – Suggiturm – Augstmatthorn – Schwendallmi – Habkern

Talort: Interlaken (567 m); Ost-Bahnhof.
Ausgangspunkt: Harder Kulm (1322 m); vgl. Tour 5.
Endpunkt: Habkern (ca. 1070 m); Postauto [Linie 310.80] nach Interlaken West.
Gehzeiten: Harder Kulm – Horet 1¾ Std., Horet – Augstmatthorn 1¾ Std., Augstmatthorn – Schwendallmi 1¾ Std., Schwendallmi – Habkern 1 Std.; Gesamtgehzeit 6¼ Std.
Höhenunterschied: Aufstieg 850 m, Abstieg 1100 m.
Anforderungen: Lange Bergwanderung, die unbedingt Trittsicherheit verlangt. Markierte, teils ausgesetzte Bergwege.
Beste Jahreszeit: Ende Mai bis Oktober.
Einkehr: Harder Kulm.
Unterkunft: In Interlaken; vgl. Tour 5. In Habkern Gasthof Bären (✆ 033/8431182). Naturfreundehaus Schwendi (etwa 1170 m) im Weiler Tschieme östlich von Habkern; 30 Plätze, geöffnet auf Anfrage (✆ 033/8431285).
Sehenswertes: Die Blumen (im Juni) ganz nah, das Steinwild ziemlich nah, die Jungfrau etwas weiter weg.
Karte: 254 T Interlaken; 1208 Beatenberg, 1209 Brienz.
Varianten: Von Oberried (589 m) am Brienzersee und an der Bahnlinie [470] Interlaken–Luzern in vielen Serpentinen hinauf auf den Blasenhubel (1965 m) und über den teils sehr schmalen Nordostgrat aufs Augstmatthorn; 1650 m Aufstieg, 6 Std., meist markierter, doch im oberen Teil ausgesetzter Pfad; nur für Schwindelfreie.
Anschlußtouren: 2, 5; aus Rother Wanderführer Berner Oberland West 46, 47.
Tip: Fernglas mitnehmen.

Wo Steinböcke die Jungfrau (rechts) betrachten: Gipfelgrat am Augstmatthorn.

In der Tiefe, knapp 1600 Höhenmeter direkt unter dem Gipfel, der blaugrüne Brienzersee und gegenüber die großen Gipfel der Berner Alpen: Die Aussicht vom Augstmatthorn hat es in sich. Wer zudem noch Freude an Tieren hat, kommt bei dieser Kammwanderung voll auf seine Rechnung.

Auf **Harder Kulm**, das in wenigen Minuten von der Bergstation der Drahtseilbahn erreicht wird, beginnt der schier unendlich lange Südwestgrat aufs Augstmatthorn. Im Wald und in Waldlichtungen, auf dem Grat selbst oder in seiner Südflanke führt der Bergweg, die Graterhebungen Wannichnubel (1585 m) und Roteflue (1730 m) umgehend, auf die Alpweiden von **Horet**. Weiter auf dem nun mehrheitlich sonnigen Höhenweg auf dem Kamm oder etwas links davon. Der Grat schwingt sich steil auf zum **Suggiturm** (2085 m; Suggiture auf der Karte), einem Gipfel, der oft mit dem Augstmatthorn verwechselt wird. Ein etwas mühsamer Pfad erleichtert den Aufstieg. Vom Suggiturm auf einem recht exponierten, aber guten Weg hinüber zum **Augstmatthorn**. Vom Gipfel kurz über den Südwestgrat zurück, dann westwärts über abschüssige Grashänge und eine felsige Steilstufe auf einen Absatz. Südwärts über eine Rippe zu den Alphütten von **Bodmi**. Auf einem Sträßchen zum Lombach und zur Straße, die vom Paßübergang Rotenschwand herunterkommt. Auf ihr bis zur nächsten Haarnadelkurve, dann westwärts auf der Wanderroute nach **Schwendallmi** (1405 m). Über Wiesen hinab, wo möglich auf dem Wanderweg und nicht auf dem Alperschließungssträßchen. Unten kommt man auf die Straße und folgt ihr über die Bolsiten-Brücke (1041 m) nach **Habkern**.

5 Harder Kulm, 1322 m

Der schönste Aussichtspunkt über der Oberländer Tourismusmetropole

Interlaken Ost – Hardermandli – Harder Kulm – Unterseen – Interlaken West

Ausgangspunkt: Interlaken (567 m), Ost-Bahnhof, Schnittpunkt der Linien nach Bern [310], nach Luzern [470] und aufs Jungfraujoch [311/312].
Endpunkt: Interlaken, West-Bahnhof an der Linie [310] nach Thun–Bern.
Gehzeiten: Aufstieg 2½ Std., Abstieg 2 Std.; Gesamtgehzeit 4½ Std.
Höhenunterschied: Auf- und Abstieg je 750 m.
Anforderungen: Kurze, steile Wanderung auf gut markierten Wegen; für Abstiegsroute Trittsicherheit nötig.

Beste Jahreszeit: April/Mai bis Oktober/November; auch im Winter, wenn kein Schnee liegt. In der kalten Jahreszeit verlangen die teils gefrorenen Pfade erhöhte Vorsicht.
Einkehr: Auf Harder Kulm.
Unterkunft: In Interlaken, vom Grand Hotel Victoria-Jungfrau bis zu Balmer's Herberge (✆ 033/8221961).
Sehenswertes: Der vielfältige Wald mit Buchen, Lärchen, Fichten, Stechpalmen. Der Wildpark mit Steinböcken und Murmeltieren bei der Talstation. Das Berghaus Harder Kulm. Das Stadtbild von Unterseen. Interlaken by night.
Karte: 254 T Interlaken; 1208 Beatenberg.
Varianten: Mit der 1908 eröffneten Drahtseilbahn (8 Min.); fährt von Anfang Mai bis Ende Oktober. Vom Harder weiter aufs Augstmatthorn; vgl. Tour 4.
Anschlußtouren: 4; aus Rother Wanderführer Berner Oberland West 50.
Tip: Tell-Freilichtspiele (Juni bis September). Unspunnenfest, seit 1805 das traditionsreichste Folklorefest der Eidgenossenschaft (bisher achtmal durchgeführt, letztmals 1993).

Im Pavillon Hohbüel lesen wir, wer auch schon dort saß: Felix Mendelssohn-Bartholdy, Richard Wagner, Carl Maria von Weber. Vom Harder Kulm genießen wir den besten Blick auf Interlaken, das zwischen den Seen liegt und von mächtigen Bergen umrahmt ist; einige von ihnen stellt dieser Führer genauer vor.

Vom Bahnhof **Interlaken Ost** westwärts zur und über die Aare-Brücke. Gleich links der Talstation der Harderbahn beginnt der Fußweg. Einige Serpentinen hinauf und auf einem Sträßchen links zum Pavillon Hohbüel. Durch Buchenwald zickzackt der Weg steil hinauf, kreuzt mehrmals ein Sträßchen und erreicht unter den Gleisen der Drahtseilbahn hindurch den Lärchenhain von Obere Bleike. Schräg hinauf, wieder unter der Bahn hindurch, zum Rastplatz (1113 m) auf dem Haupt des **Hardermandli**. Der Pfad geht zurück gegen die Bahntrasse, zieht hinaus zur Hardermatte und steigt über den Grat zu Sonnenterrasse und Berghaus von **Harder Kulm**. Zurück auf die Hardermatte, aber nun den recht schmalen Pfad nach Unterseen einschlagen, der in meist weitangelegten Serpentinen durch steilen Wald hinabführt. Am Waldrand unten nach links, am Friedhof vorbei, dann nach rechts und nach **Unterseen**. Der Aare entlang oder durch das mittelalterliche Städtchen Unterseen selbst gelangen wir schließlich direkt zum Bahnhof **Interlaken West**.

Durchblick durchs Lärchengeäst: Interlaken im Herbstlicht.

6 Uferweg am Brienzersee

Zum Grandhotel und zu den Wasserfällen von Giessbach

(Interlaken) – Iseltwald – Giessbachfälle – (Brienz)

Ausgangspunkt: Iseltwald (566 m); Bus [Linie 310.80] oder Schiff [3470, von Mitte April bis Ende Oktober] von Interlaken Ost.
Endpunkt: Giessbach (566 m); Schiffsverbindung nach Brienz an der Bahnlinie Interlaken–Luzern [470]; oder über Iseltwald zurück nach Interlaken.
Gehzeiten: Iseltwald – Giessbach Schiffsstation 1½ Std., Aufstieg zum Hotel und Rundweg zu den Fällen rund 1 Std.; Gesamtgehzeit 2½ Std.
Höhenunterschied: Auf- und Abstieg je rund 150 m.
Anforderungen: Spaziergang, doch überraschend steiniger Weg.
Beste Jahreszeit: Frühling bis Herbst; im Winter manchmal vereiste Stellen.
Einkehr und Unterkunft: Verschiedene Hotels in Iseltwald. Grandhotel Giessbach (offen Mai bis Oktober, ✆ 033/9522525).
Sehenswertes: Dorf Iseltwald, Schiffsstation und Grandhotel Giessbach, die Standseilbahn dazwischen (die erste Bergbahn im Oberland von 1879).
Karte: 254 T Interlaken; 1209 Brienz.
Variante: Zu Fuß von Giessbach nach Brienz (lohnt sich aber nicht).
Anschlußtouren: 7, 26.
Tip: Brienz ist seit 200 Jahren bekannt für seine Holzschnitzerei. In den »Swiss Woodcarving Shops« werden Bären, Alphornbläser, Trachtenmädchen aus Holz angeboten. Kantonale Schnitzlerschule und zwei Holzbildhauereien können besichtigt werden.

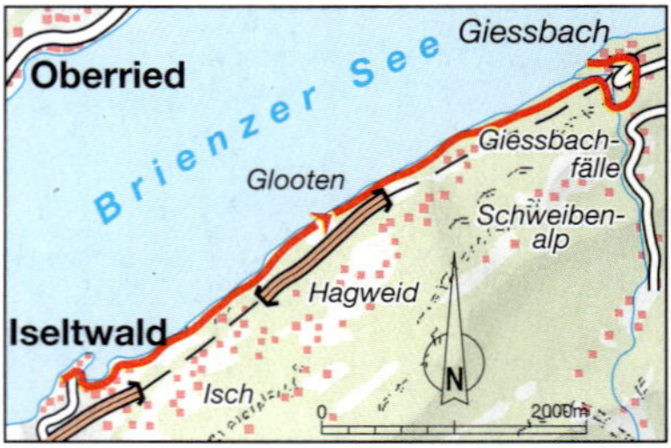

Der 1977 eingeweihte, lauschige Uferweg von Iseltwald nach Giessbach mußte erstellt werden wegen des Baus der Autobahn weiter oben am Hang. Das 1875/76 gebaute Grandhotel Giessbach, einst die vornehmste Adresse im Oberland, sollte vor gut 20 Jahren abgebrochen werden, erstrahlt heute in neuem Glanz. Dazu rauschen die 14 Fälle des Giessbachs.

Der Hafenbucht von **Iseltwald** entlang zum Uferweg. Der teilweise aus den Felsen gehauene Weg führt im Wald so nah wie möglich am Brienzersee nach Giessbach; in Glooten auf halbem Weg befindet sich ein Picknickplatz mit Feuerstellen. In Giessbach vor dem Gebäude von Drahtseilbahn und Schiffsstation rechts abzweigen und gegen das Grandhotel hinaufsteigen, doch unterhalb davon rechts abbiegen und bei der nächsten Gelegenheit den Giessbach wieder überqueren. Bei der folgenden Kreuzung links, kurz hinaufsteigen und auf einem gesicherten, gischtbesprühten Weg unter einem Wasserfall hindurch. Am rechten Bachufer hinab und auf dem Sträßchen zum **Grandhotel Giessbach**. Später auf dem rechten, breiten Weg bequem hinab zur Schiffsstation.

Gut mit einer Schiffsfahrt zu verbinden: Wanderung zu den Giessbachfällen.

7 Hinterburgseeli, 1514 m

Auf der Schattseite des Oberlands: Flieger, Fahrwege und feine Rastplätze

Axalp ob Brienz – Hinterburgseeli – Uf der Flue – Züün – Meiringen

Talort: Brienz (566 m); Bahnlinie Interlaken–Meiringen–Luzern [470].
Ausgangspunkt: Axalp (Kurhaus, 1535 m); Bus [470.95] von Brienz.
Endpunkt: Meiringen (595 m).
Gehzeiten: Axalp – Hinterburgseeli 45 Min., Hinterburgseeli – Uf der Flue 45 Min., Uf der Flue – Meiringen 2½ Std.; Gesamtgehzeit 4 Std.
Höhenunterschied: Aufstieg 230 m, Abstieg 1170 m.
Anforderungen: Leichte Bergwanderung, die beim Abstieg nach Meiringen bloß etwas Kondition und Stehvermögen auf geteerten (Alp)Straßen erfordert.
Beste Jahreszeit: Mai bis November; von November bis Mai ist der See normalerweise zugefroren.
Einkehr und Unterkunft: In Axalp Sporthotel mit Touristenlager (✆ 033/9511671). Hotels und Jugendherberge in Meiringen.
Sehenswertes: Die Alpweiden mit den Ahornbäumen beim Abstieg nach Zaun, Geburtsort von Melchior Anderegg, dem »König der Bergführer«.
Karte: 254 T Interlaken; 1209 Brienz, 1210 Innertkirchen.
Variante: Von Uf der Flue durch die Nordabstürze von Oltschiburg und Axalphorn zurück auf die Axalp.
Anschlußtouren: 6, 30, 32, 45.
Tip: Auch mit Mountainbike machbar; das Hinterburgseeli erreicht man aber über die Alpstraße, die bei der Kurve P. 1185 m der Axalpstraße abzweigt.

Dies ist keine spektakuläre Wanderung: Es gibt prächtigere Bergseen, Wanderwege und Aussichtspunkte. Und trotzdem: ein Berner Oberland gegen den Strich. Ausnahmsweise einmal nicht Jungfrau, Schreck- und Wetterhorn am Horizont, dafür ein von steilen Wänden eingefaßter Bergsee mit unterirdischem Abfluß (als Naturschutzgebiet ausgewiesen), ein überraschender Tiefblick auf Brienz und die Tiefebene von Meiringen. Der dortige Flugplatz läßt allerdings Böses ahnen. Tatsächlich: Unter der Woche starten häufig Militärjets, um das Axalphorn zu bombardieren. Das Gebirge wird nicht nur von Berglandwirtschaft und Tourismus genutzt.
Vom Kurhaus **Axalp** ostwärts auf dem Weg über Schlagli und dem Gausband (etwa 1640 m) zum **Hinterburgseeli**. Kurz auf einem Pfad dem Nord-

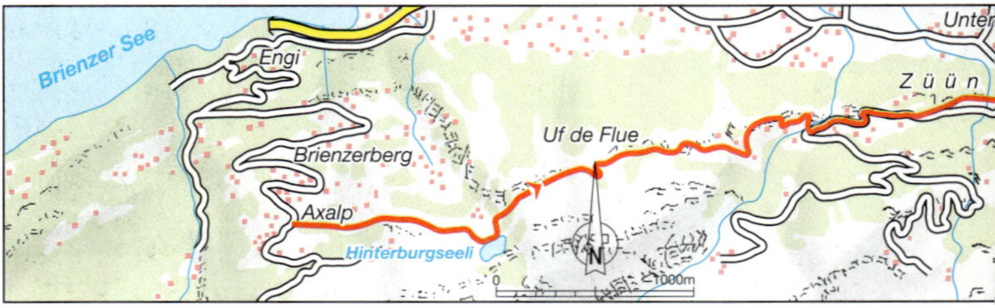

Picknicken nicht verboten: tiefgründiges Hinterburgseeli.

ufer entlang, über eine Kuppe in einen Fahrweg und nach rechts. Die Wanderroute kürzt die Schlaufen der Alperschließungsstraße beim Aufstieg nach Hinterburg ab, mündet aber schließlich in diese. Sie leitet über den Aussichtspunkt P. 1641 m zu den Alphütten von **Uf der Flue** (1542 m). Nun sehr schön auf dem ehemaligen Alpweg über Weiden und durch Waldlichtungen

nach Wirzen (1247 m). Auf dem Sträßchen durch die Streusiedlung **Züün** (Zaun), bis nach der Säge der alte Weg abzweigt und unterhalb der modernen Straße über die Steilstufe auf den Talboden hinabführt. Auf einem Flurweg über die Ebene zur Straßenkreuzung von Balm. Über die Aare und wieder quer über die Ebene zum Bahnhof **Meiringen**.

8 Freilichtmuseum Ballenberg

Spaziergang durch die ländliche Bau- und Wohnkultur der Schweiz

Brienz – Ballenberg – Brienzwiler

Ausgangspunkt: Mit der Brünigbahn [Linie 470] von Interlaken oder von Luzern nach Brienz (566 m). Pendelbus von allen Zügen ab Bahnhof Brienz zum Westeingang des Freichlichtmuseums. 10minütige Wanderung von der Bahnstation Brienzwiler (zwischen Brienz und Meiringen): Man kommt so direkt ins »Tessin«. Von Mai bis September am Nachmittag kostenloser Buspendelverkehr zwischen Ost- und Westeingang.

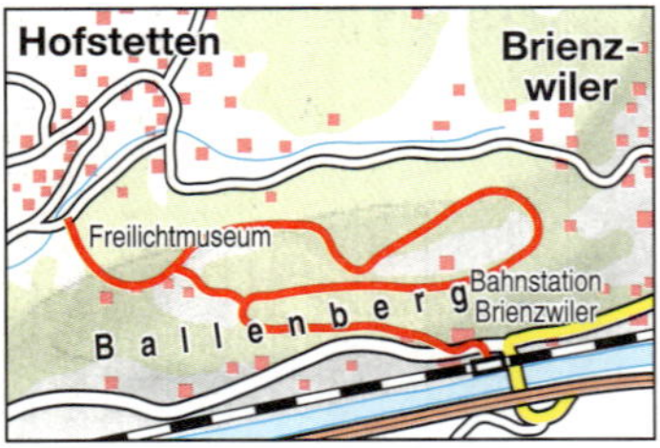

Gehzeit: 1 Std. bis 1 Tag.
Höhenunterschied: Gering.
Anforderungen: Keine.
Beste Jahreszeit: Das Freilichtmuseum ist vom 15. April bis 31. Oktober täglich von 10 bis 17 Uhr geöffnet.
Einkehr: Vier Restaurants im Freilichtmuseum; dazu Picknickplätze und Feuerstellen. Essen und Trinken kann vor Ort gekauft werden.
Unterkunft: Unterkünfte in fast allen Preislagen in Brienz, Brienzwiler und Hofstetten.
Sehenswertes: Es gibt viele Freilichtmuseen; aber jenes von Ballenberg ist ein Muß.
Karte: 254 T Interlaken; 1209 Brienz.
Tip: Kombinierte Billette und Sonderangebote ab allen Schweizer Bahnhöfen. Tagesprogramm des Freilichtmuseums sowie weitere Informationen unter ✆ 033/9521030 oder 9521040.

Lebendiges Freilichtmuseum: Schindelmacher als zusätzliche Attraktion.

Idylle unterm Brienzer Rothorn (Tour 1): Gerettete Gebäude vom Berner Mittelland.

Das Schweizerische Freilichtmuseum für ländliche Bau- und Wohnkultur auf dem Ballenberg bei Brienz besteht seit 1978. Auf dem rund 60 Hektar großen Gelände stehen 80 historische Bauten aus dem ganzen Land. Sämtliche Gebäude waren an ihrem ursprünglichen Ort gefährdet und konnten dort nicht erhalten werden; anstatt sie abzureißen, wurden sie auf dem Ballenberg neu aufgebaut und sanft restauriert, um solche Zeugen früherer Zeiten der Nachwelt zu erhalten. Die Museumsbauten sind mit dem zugehörigen Inventar ausgestattet und von historischen Bauerngärten, Wiesen und Feldern umgeben, auf denen teilweise längst vergessene oder ausgerottete Gräser, Getreidesorten und Haustierrassen gepflegt werden.
Auf eine Wanderbeschreibung wird an dieser Stelle verzichtet. Es gibt keinen Weg, den man gemacht haben muß. Jede der Gebäudegruppen ist sehenswert. Man orientiert sich gut auf dem Gelände, das mehrere Kammern umfaßt, wo die Gebäude nach den verschiedenen Regionen der Schweiz gruppiert wurden. Schautafeln erleichtern die Übersicht, und für wenig Geld gibt es bei den Eingangskassen sowie an der Bahnstation Brienzwiler einen ausgezeichneten Kurzführer zu kaufen.

Tal von Lauterbrunnen: Wasser und Wände

»Hier zeigt ein steiler Berg die Mauer-gleichen Spitzen,
Ein Wald-Strom eilt hindurch und stürzet Fall auf Fall.
Der dick beschäumte Fluß dringt durch der Felsen Ritzen
Und schießt mit gäher Kraft weiter über ihren Wall.«

Albrecht von Hallers Beschreibung des Staubbachfalles im Lauterbrunnental in seinem 1732 publizierten Lehrgedicht »Die Alpen« macht den Anfang: denjenigen der Alpen-Begeisterung im allgemeinen und des Tourismus im Oberland im besonderen. In seinen 490 Versen preist der Berner Universalgelehrte die wilde Schönheit der Berge und die schöne Freiheit seiner Bewohner. Dank der Werbung von Dichtern und Malern, Reiseschriftstellern und Reiseorganisationen wurde das klassische U-förmige, von Gletschern ausgehobelte Tal, in das sich 72 Wasserfälle stürzen, zur Traumurlaubsdestination zivilisationsmüder Städter. Die Trümmelbachfälle (Tour 17), die im Innern der Talwände herabdonnern, vermitteln genau jene schaurig-wohligen Gefühle, welche die Reisenden zu Goethes Zeiten schon suchten.
»Eine der fürchterlichsten und wildesten Gegenden unsers Erdenteils«: So nannte der Alpenforscher Gottlieb Sigmund Gruner in seinem Buch »Die Eisgebirge des Schweizerlandes« (1760) den hintersten Teil des Lauterbrunnentals. Anders sah es Othmar Gurtner in seinem Buch »Schlechtwetterfahrten« (1917): »Nichts Schöneres kann ich mir denken als einen Spätsommerabend im Steinberg. Da funkt die müde Sonne ins Glitzerspiel der weit hinauf aperen Hängegletscher, und das Rottal glüht wie ein Rubin im Sonnenfeuer. Dazu die schwarzen Schattenkegel im abenddunstigen Tal und ein frischfrecher Geisshirtenjodel vom Schafberg herüber – schöner ist's nirgends auf der Welt!« Fürchterlich oder schön: Beide Urteile über das Naturschutzgebiet Hinteres Lauterbrunnental sind auf ihre Art richtig, wie man bei den Ausflügen zum Obersteinberg (Tour 15) oder zur Busenalp (Tour 14), dem Schauplatz des einstigen Erotik-Bestsellers »Mimili«, feststellen wird.
Die Jungfrau als schöne Sennerin oder als 4158 m hoher Gipfel: Kaum ein anderer als dieser bereits 1811 von Seidenfabrikanten und Gemsjägern erstmals eroberte Gipfel (allerdings nicht von der abweisenden Lauterbrunner Seite, sondern über den zahmen Aletschgletscher) hat die Schreibglut der Reisenden entfacht. Der Göttinger Philisophieprofessor Christoph Meiners meinte 1785: »Einen erhabnern und zugleich schönern Berg, als die Jungfrau ist, gibt es, glaube ich, auf der ganzen Erde nicht.« Der Däne Jens Immanuel Baggesen dichtete 1803 in dem im Jungfraugebiet spielenden Epos »Parthenäis« (später »Die Alpenreise«): »Jezzo stand sie, begegnendes Bliks, ganz waltende Göttin / Hoch in dem Himmel das strahlende Haupt, den Fuß in dem Abgrund / Hell im Gewande des Schnees, mit ewigem Eise bepanzert.« Ganz nah kommt der Jungfrau, wer zur Rottalhütte (Tour 16) oder von Wengen über die Biglenalp nach Eigergletscher (Tour 18) aufsteigt.

Fürchterlich schön: Hinteres Lauterbrunnental mit Gross-, Breit- und Tschingelhorn.

Wer die Fernsehübertragung der alljährlichen Lauberhorn-Abfahrt einmal gesehen hat, wird die Bilder nicht vergessen, wie die tollkühnen Skifahrer vor der herangezoomten Wand der Jungfrau in die Tiefe rasen. Als Gründerort des alpinen Skirennsportes gilt allerdings nicht Wengen, sondern das ebenfalls auf einer Terrasse hoch über dem Tal liegende Mürren. Hier erfanden unternehmungslustige Engländer, unter ihnen Sir Arnold Lunn, in den zwanziger Jahren Abfahrt und Slalom. Beim Wandern spielt jedoch das möglichst schnelle Zurücklegen einer Strecke kaum eine Rolle. Zur ruhigen Fortbewegung in dieser grandiosen Natur- und Kulturlandschaft paßt, daß Mürren und Wengen autofreie Kurorte sind. So ist das Lauterbrunnental die Wiege des Tourismus von einst und vielleicht auch von morgen.

9 Bällehöchst, 2095 m – Sulegg, 2412 m

Ein etwas beschwerlicher Weg auf zwei vernachläßigte Aussichtspunkte

Saxeten – Underberg – Bällehöchst – Sulegg – Suls-Lobhornhütte – Isenfluh – Zweilütschinen

Ausgangspunkt: Saxeten (1103 m); Postauto [Linie 311.10; Reservierung empfohlen] von Wilderswil an der Bahn [311] Interlaken Ost–Zweilütschinen–Lauterbrunnen.

Endpunkt: Isenfluh (1081 m), mit Busverbindung [311.20] nach Lauterbrunnen; Zweilütschinen (652 m). Evtl. von Sulwald (ca. 1520 m) mit Seilbahn nach Isenfluh (fährt täglich).

Gehzeiten: Saxeten – Bällehöchst 3¼ Std.; Bällehöchst – Sulegg 1¾ Std., Sulegg – Lobhornhütte 1 Std., Hütte – Isenfluh 1½ Std., Isenfluh – Zweilütschinen 1 Std. Gesamtgehzeit 8½ Std.

Höhenunterschied: Auf- und Abstieg je 1400 m, bis Zweilütschinen noch gut 400 m mehr Abstieg.

Anforderungen: Kondition und Trittsicherheit erforderlich; markierte Wege außer derjenige auf die Sulegg (nur Pfadspuren, doch leicht).

Beste Jahreszeit: Juli bis September.

Unterkunft: Hotels in Saxeten, Iseltwald und Zweilütschinen/Gündlischwand. Suls-Lobhornhütte, private Selbstversorgerhütte der Sektion Lauterbrunnen SAC, im Sommer meistens offen und bewartet (✆ 079/6565320), Schlüsseldepot bei der Seilbahnstation Isenfluh; Anmeldung unerläßlich bei Familie Feuz, Lischmaad, 3822 Lauterbrunnen (✆ 033/8552712).

Sehenswertes: Gipfel, Wege und eine Hütte. Der alte Kirchweg von Isenfluh nach Zweilütschinen gilt als Objekt von nationaler Bedeutung.

Karte: 254 T Interlaken; 1228 Lauterbrunnen.

Varianten: Ohne Abstecher auf Bällehöchst und Sulegg (rund 2 Std. und 500 Höhenmeter weniger). Von Suls auf dem Höhenweg nach Sousläger und wie Tour 11 zur Grütschalp (1486 m).

Anschlußtouren: 10, 23; aus Rother Wanderführer Berner Oberland West 45.

»Unter den vielen unbekannten, auf's Unbegreiflichste hintangelassenen Stellungen und Standpunkten auf Helvetiens Gebirgen ist die Suleck eine derjenigen, welche sowohl wegen ihrer besondern Lage, als auch wegen der verschiedenartigen und romantischen Ansichten auf dem, freylich etwas beschwerlichen Wege dahin, mehrere Aufmerksamkeit verdiente, als ihr gewiedmet wird; indessen Schwärme von Reisenden, unwissend der nahen Zinne, am Fuß ihrer Felsen unten im Thal auf dem geschlagenen Wege

Die letzten Schritte auf die Sulegg: Blick auf Brienzersee und Schynige Platte.

vorbeywallen und stückweise besehen, was hier in einem Überblick zusammengefaßt werden kann«, stellte Conrad Escher in seinem Beitrag »Kleine Bergreise auf die Sul oder Suleck. Donnerstag den 18. Juli 1806« für die Zeitschrift »Alpina« fest. Seither hat sich an diesen Tatsachen nichts geändert.

Von **Saxeten** taleinwärts auf einem Sträßchen bis **Underberg** (1457 m). Talauswärts auf markiertem Weg zu den Alphütten Hinder und Usser Bällen (1883 m) ansteigen. Hinauf in den Sattel (1998 m) zwischen Sulegg und **Bällehöchst** (2095 m); kurzer Abstecher dorthin lohnend. Am Fuß der Nordostwand der Sulegg die abschüssigen Hänge des Tschingel traversieren (gefährlich, wenn noch Schnee liegt!) bis auf eine Schulter (etwa 2040 m) unterhalb des Schärihubel (2124 m). In Pfadspuren rechtshaltend auf diesen hinauf und über den breiten, grasigen Südostrücken auf den auch **Höji Sulegg** genannten Gipfel. Vom Gipfel auf der Aufstiegsroute zurück zum markierten Weg. In grob südlicher Richtung auf einem Weglein zur **Suls-Lobhornhütte** (1955 m) – oder auch zum Sulsseewli – und hinab auf die **Alp Suls** (1903 m). Der Wanderweg führt meistens im Wald, knapp an den sonnigen Weiden von Sulwald vorbei, hinunter nach **Isenfluh**, mehrmals eine Alpstraße querend. Gleich unterhalb der Talstation der Sulwald-Seilbahn beginnt der trotz der neuen Straße gut erhaltene Kirchweg – früher die einzige Verbindung von Isenfluh zur Außenwelt – hinab ins Lauterbrunnental. Zuletzt auf der Talstraße talauswärts und über die Weiße Lütschine zum Bahnhof **Zweilütschinen**.

10 Schwalmere, 2777 m

Schuttgipfel mit glänzenden Aussichten: »Interlakner Jungfrau«

Lauterbrunnental – Soustal – Schwalmere – Spiggegrund – Kiental

Ausgangspunkt: Grütschalp (1486 m) oberhalb von Lauterbrunnen; vgl. Tour 11.
Endpunkt: Dorf Kiental (958 m) oder Griesalp (1408 m); vgl. Tour 13.
Gehzeiten: Grütschalp – Soustal 1 Std., Soustal – Schwalmere 4 Std., Schwalmere – Spiggegrund 3 Std., Spiggegrund – Kiental 1 Std., Spiggegrund – Griesalp 2 Std.; Gesamtgehzeit 9–10 Std.
Höhenunterschied: Aufstieg 1300 m, Abstieg 1820 m; bei Weg zur Griesalp 500 m Aufstieg mehr.
Anforderungen: Anstrengende Tour, die Orientierungsvermögen und gute Sicht erfordert; bei Nebel wird es schwierig, den meist markierten, aber im steinigen Gelände kaum erkennbaren Pfaden zu folgen.
Beste Jahreszeit: Juli bis September.
Unterkunft: Hotels in Lauterbrunnen. Lobhornhütte; vgl. Tour 9. Kiental; vgl. Tour 12. Griesalp: Gasthaus Golderli (✆ 033/ 6762192).
Sehenswertes: Oberland von weit oben.
Karte: 254 T Interlaken, 264 T Jungfrau; 1228 Lauterbrunnen, 1248 Mürren.
Variante: Von Isenfluh, Sulwald oder Suls-Lobhornhütte über Suls hinauf auf die Sousegg und unter den Lobhörnern hindurch in den weiten Sattel.
Anschlußtouren: 9, 11, 12, 13; aus Rother WF Berner Oberland West 35, 36, 37, 38, 39.

Was für ein verlängertes Wochende! Am Freitag in die Lobhornhütte (Tour 9), am Samstag über die Schwalmere und den Abendberg auf die Griesalp und

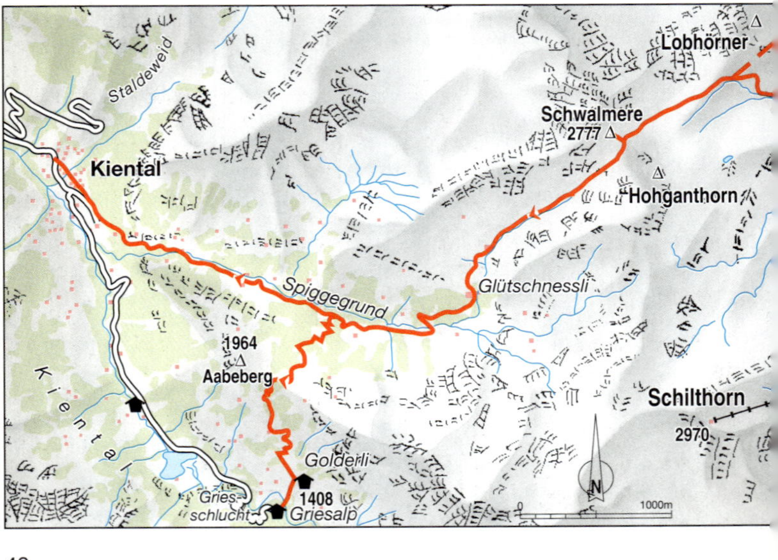

Blick von der Sulegg: Die Schwalmere liegt rechts außen.

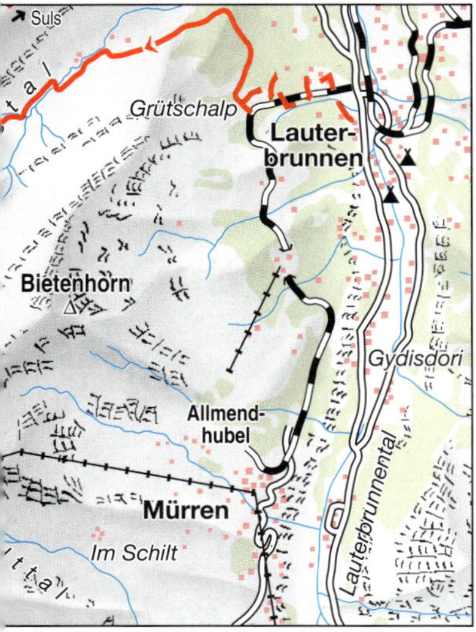

am Sonntag über die Gspaltenhornhütte sowie die Sefinenfurgge (Tour 13) nach Mürren. Wer am Montag noch frei hat, übernachtet in der Rotstockhütte und gelangt über Schneeige Lücke – Tanzbödeli (Tour 14) in das Hintere Lauterbrunnental. Von der **Grütschalp** wie Tour 11 nach Sousläger; kurzer Abstieg zum Talboden (ca. 1650 m). Taleinwärts flach entlang dem **Sousbach** bis zur Einmündung des Chantsbachs; diesen überschreiten. Der Pfad windet sich südlich des Baches steil in die Höhe, überquert ihn nach einer Verengung und erreicht schließlich den weitläufigen Sattel (2372 m) unterhalb der Lobhörner. Südwestwärts führt eine in Geröll übergehende Pfadspur in einen Sattel (2674 m); im Frühsommer oder Herbst häufig Schneefelder (möglichst rechts umgehen). Leicht über den Grat auf den Gipfel der **Schwalmere**. Zurück in den Sattel. Der Pfad sinkt in der abschüssigen, steinig-grasigen Südflanke schräg hinab und verläßt diese über ein Band (bei P. 2074 m). Leicht hinunter auf die Alp Glütsch (1940 m). Unter dem Glütschstock führt der Weg nach **Glütschnessli** (1638 m) hinab. Entlang dem Fahrweg in den **Spiggegrund** und auf dem Sträßchen talauswärts bis zur Abzweigung (ca. 1390 m) zum Abendberg. Nun zwei Möglichkeiten: Entweder weiter durch den Spiggegrund wie Tour 12 nach **Kiental**. Oder über Schwand und Mittelberg in die Lücke (1890 m) zwischen Chanzel und Abendberg (1964 m); hinab zum gemütlichen Berggasthaus **Golderli** und zur **Griesalp**.

11 Bietenhorn, 2756 m

Wenig besuchte Panoramapyramide fast senkrecht über dem Lauterbrunnental

(Lauterbrunnen) – Grütschalp – Soustal – Bietenlücke – Schilthornhütte – Allmendhubel – Mürren

Talort: Lauterbrunnen (795 m); Bahn [Linie 311] von Interlaken Ost.
Ausgangspunkt: Grütschalp (1486 m), Umsteigestation der Bahn [313] Lauterbrunnen-Mürren.
Endpunkt: Mürren (1638 m). Die Allmendhubel-Bahn fährt von Anfang Juni bis Anfang Oktober.
Gehzeiten: Grütschalp – Sous-Oberberg 2 Std., Oberberg – Bietenhorn 2½ Std., Gipfel – Schilthornhütte 1 Std., Hütte – Mürren 1½ Std.; Gesamtgehzeit 7 Std.
Höhenunterschied: Aufstieg 1270 m, Abstieg 1120 m; bei Benützung der Allmendhubelbahn nur 850 m Abstieg.
Anforderungen: Recht anstrengende Tour für trittsichere und einigermaßen schwindelfreie Bergwanderer. Größtenteils markierte Wege, teils versichert. Leicht ausgesetzter Gipfelgrat. Achtung vor Altschnee im Frühsommer auf der Nordseite der Bietenlücke.
Beste Jahreszeit: Juli bis Oktober.
Einkehr: Allmendhubel. Restaurants Sonnenberg und Suppenalp im Blumental, beim nicht direkten Abstieg vom Allmendhubel nach Mürren.
Unterkunft: Hotels in Lauterbrunnen und Mürren. Sennhütte Sous-Oberberg (1997 m), Skiklub Matten, 15 Plätze, Schlüsseldepot im Hotel Sonne in Matten bei Interlaken; Auskunft ✆ 033/8230582. Schilthornhütte, Skiklub Mürren, 40 Plätze, geöffnet und bewirtschaftet von Anfang Juli bis Ende September, ✆ 033/8551167 oder 8552512.
Sehenswertes: Unterschied zwischen einer natürlichen Geröllhalde (wie beim Abstieg von der Bietenlücke) und dem durch den Bagger aufgeschütteten Skipistengeröll (wie im »Kanonenrohr«).
Karte: 254 T Interlaken, 264 T Jungfrau; 1228 Lauterbrunnen, 1248 Mürren.
Variante: Von Lauterbrunnen zu Fuß nach Grütschalp; 2 Std. Neuer Northface-Trail vom Allmendhubel nach Mürren mit zwölf Infotafeln; dazu Nordwand-Broschüre.
Anschlußtouren: 10, 12, 13.

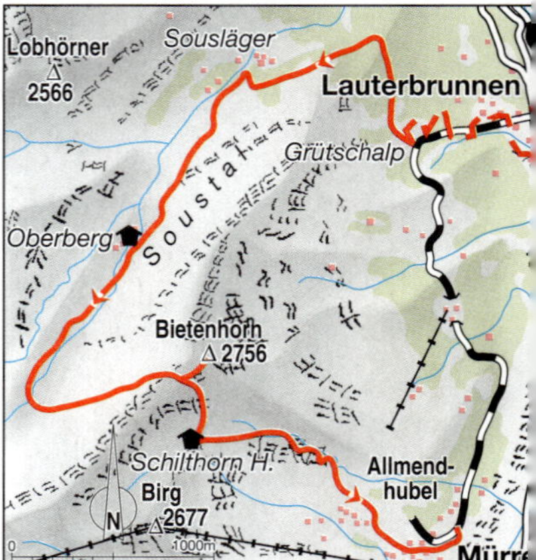

Ob der Name von »bieten« kommt, ist fraglich: Verdient hätte es der Berg bestimmt. Das Panorama vom Bietenhorn, zum Beispiel auf Eiger, Mönch und Jungfrau, ist wunderschön. Neben Aussichten bietet der Gipfel zwischen Lauterbrunnen- und Soustal auch Einsichten darüber, welche Wunden der Wintersport hinterläßt. Hoffentlich denken wir daran, wenn wir im Winter vom Schilthorn am Bietenhorn vorbei nach Mürren hinabschwingen.

Von der **Grütschalp** zuerst horizontal, später sanft ansteigend in nördlicher, dann westlicher Richtung durch Wald zu den Alphütten von Sousläger am Beginn des **Soustals**. Auf der orographisch rechten Talseite, bei den Alphütten von **Sous-Oberberg** (2000 m) vorbei, bis gegen das Ende des Tals vordringen. Auf den Schlächti Matti scharf nach links und talauswärts unterhalb der Felswände des Schwarzgrates schräg durch Geröll in die Bietenlücke (2639 m) hinauf. Nach links und in Wegspuren über den zuerst schmalen, später breiteren Südwestgrat zum Gipfel des **Bietenhorns**, wobei eine Stufe zu Beginn des Grates links in einer Felsspalte kraxelnd überwunden wird. Von dem auch Schwarzbirg genannten Gipfel zurück in die Bietenlücke und ein kurzes Stück auf dem Grat weiter. Nun links bergab, vorsichtig im rutschigen Gelände hinabtrippelnd; zuletzt rechtshaltend zur **Schilthornhütte** (2432 m). Ostwärts auf breitem Weg hinab zum **Kanonenrohr**. Unterhalb davon teilt sich die Route: auf dem Grat zum **Allmendhubel** (1907 m), wo Wandermüde die Standseilbahn nehmen können; oder auf der Südseite des Hubels zu Fuß nach **Mürren**.

Auf der gegenüberliegenden Talseite entdeckt: Haus in Wengen (im Dezember!).

12 Schilthorn, 2970 m

Heldentour auf den überbauten, höchsten Gipfel der Berner Voralpen

Kiental – Spiggegrund – Glütschnessli – Hohkien – Rote Härd – Schilthorn – (Mürren)

Ausgangspunkt: Dorf Kiental (958 m); vgl. Tour 13.
Endpunkt: Schilthorn (2970 m); 4-Sektionen-Seilbahn über Birg (2677 m), Mürren (1638 m), Gimmelwald (1363 m) zur Talstation (862 m); Postauto [311.15] nach Lauterbrunnen; Bahn [311] nach Interlaken. Seilbahn immer in Betrieb, außer bei Revision im Mai und November oder bei Sturm.
Gehzeiten: Kiental – Glütschnessli 2¼ Std., Glütschnessli – Hohkien 1½ Std., Hohkien – Schilthorn 3 Std.; Gesamtgehzeit 6¾ Std.
Höhenunterschied: Aufstieg 2000 m.
Anforderungen: Konditionstest für kniegeschädigte Bergwanderer. Stellenweise ausgesetzter Gipfelgrat mit Leitern und Seilen. Markierter Bergweg.
Beste Jahreszeit: Juli bis Oktober.
Einkehr: Drehrestaurant auf dem Gipfel.
Unterkunft: In Kiental Hotels Bären (✆ 033/6761121), Chalet (✆ 033/6761646). Schilthornhütte; vgl. Tour 11. Rotstockhütte; vgl. Tour 13. Hotels in Mürren und Gimmelwald.
Sehenswertes: Kontrast zwischen Bergbauernidylle Hohkien und Tourismuskarussell Schilthorn. Blick auf Berner Hochalpen, Schwarzwald und Vogesen.
Karte: 254 T Interlaken, 264 T Jungfrau; 1228 Lauterbrunnen, 1248 Mürren.
Varianten: Abstieg durch das Schilttal nach Mürren (3 Std.). Abstieg durch das Engital zur Schilthornhütte (1½ Std.); weiter auf Tour 11. Abstieg über Rote Härd zur Rotstockhütte auf Poganggen (1¾ Std.); weiter auf Tour 13.
Anschlußtouren: 11, 13; aus Rother Wanderführer Berner Oberland West 35, 36, 37.
Hinweis: Auch bei blauem Himmel verschleiern manchmal um die Mittagszeit Nebelschwaden die tolle Rundsicht vom Schilthorn. Und: Mitte August findet jeweils der Inferno-Triathlon Thun – Schilthorn statt.

Der höchste Gipfel der Berner Voralpen liegt zwischen dem früher weltbekannten Lauterbrunnental und dem abseits von Transit- und Tourismusachsen liegenden Kiental. Auf dem Fastdreitausender legte James Bond »Im

Sonnige Gipfel über Mürren: Schilthorn (links) und Bietenhorn (rechts; Tour 11).

Geheimdienst Ihrer Majestät« Häscher und Häschen aufs Kreuz. Wer heute ein Held sein will, besteigt den Piz Gloria zu Fuß von der Rückseite und benützt die Seilbahn höchstens für den Abstieg.
Von der Postautohaltestelle in **Kiental** auf dem Wanderweg taleinwärts der Talflanke entlang zum Ausgang des Seitentals Spiggegrund. Auf einem Pfad durch die Schlucht und auf einem Fahrweg zum Spiggebach. Südlich des Baches auf dem Sträßchen durch den ganzen **Spiggegrund**. Am Talende (P. 1476 m) wieder über eine Brücke und auf dem Fahrweg auf die sonnige **Alp Glütschnessli** (1638 m). Der Alpweg schlängelt sich durch Mulden, über Rücken und zuletzt an einem Wasserfall vorbei auf die Hochebene **Hohkien** (2026 m). Von der großen Alphütte südwärts über die Ebene und steil hinauf auf die karstige Hochfläche von Hart. Der nicht immer gut sichtbare Pfad führt zuerst flach ostwärts, dann in der Südwestflanke der Chilchflue zum Übergang **Rote Härd** (2663 m) hinauf. Einen Hang zum Westgrat des **Schilthorns** queren und auf diesem Grat (Drahtseile und Leitern) zum Beton-Glas-Stahl-Aufbau des **Piz Gloria**.

13 Gspaltenhornhütte, 2455 m – Sefinenfurgge, 2612 m

Der wilde Weg über die Sefinenfurgge

Griesalp im Kiental – Gamchi – Gspaltenhornhütte – Sefinenfurgge – Rotstockhütte (Poganggen) – Mürren

Dunkle Wolken über dem Gamchi-Kessel: Weg zur Gspaltenhornhütte.

Ausgangspunkt: Griesalp (1408 m) im Kiental; Postauto [Linie 300.15] von Reichenbach an der Bahn/Buslinie Thun–Spiez–Frutigen [300.1]; Postauto fährt die Strecke Dorf Kiental–Griesalp nur Juni bis Anfang Oktober.

Endpunkt: Mürren (1638 m); vgl. Tour 12.

Gehzeiten: Griesalp – Gspaltenhornhütte 3 Std., Hütte – Sefinenfurgge 2 Std., Sefinenfurgge – Poganggen/Rotstockhütte 1 Std., Hütte – Mürren 2 Std.; Gesamtgehzeit 8 Std.

Höhenunterschied: Aufstieg 1380 m, Abstieg 1150 m.

Anforderungen: Kondition, Trittsicherheit und Schwindelfreiheit sind nötig; markierte, teilweise ausgesetzte Bergwege.

Beste Jahreszeit: Juli bis September.

Einkehr und Unterkunft: Griesalp: Berghaus Griesalp (✆ 033/6761231), Naturfreundehaus Gornere (✆ 033/6761140) sowie vor allem das rustikale Berggasthaus Golderli (✆ 033/6762192). Gspaltenhornhütte SAC, 75 Plätze, immer offen, im Juli und August sowie an den Septemberwochenenden bewirtschaftet, ✆ 033/6761629. Rotstockhütte, Skiklub Stechelberg, 52 Plätze, Juni bis Oktober bewirtschaftet, Winterraum immer offen, ✆ 033/8552464. Berggasthaus Spielbodenalp (1793 m), ✆ 033/8551475.

Sehenswertes: Der senkrechte Schutthaufen namens Gspaltenhorn. Die Abendstimmung auf Poganggen, wenn gegenüber die Jungfrau rötlich leuchtet.

Karte: 264 T Jungfrau; 1248 Mürren.

Variante: Normalweg über Sefinenfurgge: kürzer, leichter, sanfter.

Anschlußtouren: 11, 12, 14: aus Rother Wanderführer Berner Oberland West 37, 38 (Sefinenfurgge!), 39.

Tip: Am besten als Zweitagestour planen, z.B. mit Übernachtung in der Rotstockhütte; am nächsten Tag übers Schilthorn zurück ins Kiental oder über die Schneeige Lücke nach Stechelberg.

Der wuchtige Talkessel des Gamchi, den fast ein Stausee verschandelt hätte; die Alp Poganggen, auf die noch keine Güterstraße führt; das auf einer sonnigen Terrasse gelegene Dorf Mürren, das wohltuend autofrei ist – drei vor der Industrialisierung gerettete Abschnitte auf der Wanderung über die Sefinenfurgge, die mit dem »Umweg« über die Gspaltenhornhütte eindrücklicher ist als der direkte Weg.

Von der **Griesalp** kurz auf der Straße zurück zur Brücke über den Gamchibach. Auf der Alpstraße über das Berggasthaus **Golderli** und Steinberg nach Bürgli und auf dem Wanderweg in den Talkessel des **Gamchi** (1672 m). Auf der im Anstiegssinne linken Talseite weiter taleinwärts auf dem markierten Weg zur **Gspaltenhornhütte** (2455 m). Von der Hütte auf dem Weg zurück zur Verzweigung bei P. 2331 m (auf einem Stein angegeben: »2½ Std. bis Rotstockhütte«). Ein teilweise sehr ausgesetzter Pfad quert über Bänder auf die Trogegg hinaus, geht im Geröll der Bütlasse-Nordwestwand entlang und führt steil und rutschig hinauf auf einen Gratsattel. Der Pfad steigt leicht über Geröllhänge an; nach der Querung einer Felsplatte (Eisenstifte) unterhalb einer Höhle auf den Grat (etwa 2660 m) oberhalb der **Sefinenfurgge** aussteigen; rasch hinab in den Paßübergang (2612 m). Auf dem Paßweg hinab zur **Rotstockhütte** (2039 m) auf der Alp Poganggen. Talauswärts in leichtem Auf und Ab nach Bryndli (2025 m). Der Wanderweg zickzackt steil über einen Rücken hinab und geht links zum Berggasthaus **Spielbodenalp**. Den Schiltbach überschreiten, hinauf aufs Sträßchen nach Gimmela und nach **Mürren** (1638 m).

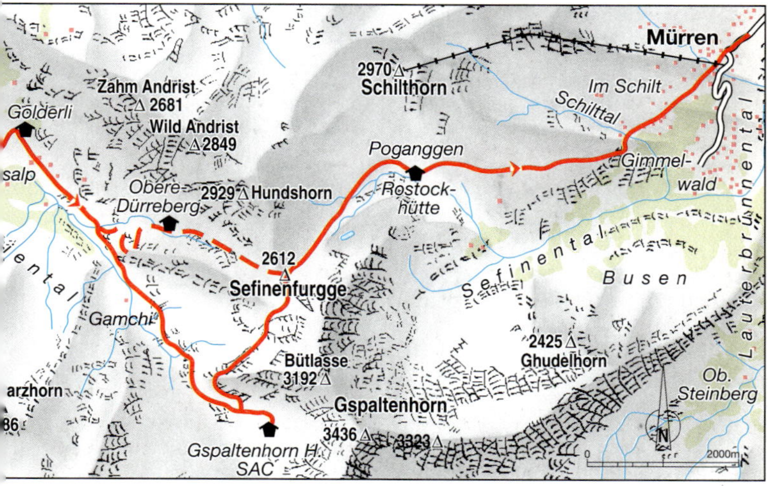

14 Schneeige Lücke, 2360 m – Tanzbödeli, 2130 m

Die Jungfrau als Gestein und als Romanfigur

Gimmelwald – Sefinental – Chilchbalm – Hindrists Busental – Schneeige Lücke – Busenalp – Tanzbödeli – Busenwald – Stechelberg

Ausgangspunkt: Gimmelwald (1363 m); vgl. Tour 12.
Endpunkt: Stechelberg (910 m); vgl. Tour 16.
Gehzeiten: Gimmelwald – Chilchbalm 1¾ Std., Chilchbalm – Schneeige Lücke 2 Std., Schneeige Lücke – Tanzbödeli 1¼ Std., Tanzbödeli – Busenalp 30 Min., Busenalp – Stechelberg 1½ Std.; Gesamtgehzeit 7 Std.
Höhenunterschied: Aufstieg 1350 m, Abstieg 1700 m.
Anforderungen: Anspruchsvolle Bergwanderung, teils abseits aller Pfade. Trittsicherheit und Orientierungsvermögen im weglosen Gelände nötig. Pickel kann Überschreitung der Schneeigen Lücke erleichtern.
Beste Jahreszeit: Juli bis Oktober.
Einkehr: Alphütte auf Busenalp (wenn bewirtschaftet).
Unterkunft: In Gimmelwald Hotel Mittaghorn (✆ 033/8551658), Pension Gimmelwald (✆ 033/8551730) und Mountain Hostel (✆ 033/8551704). In Stechelberg; vgl. Tour 16.
Sehenswertes: Walsersiedlung Gimmelwald. Die nach der Eigernordwand höchsten Wände der Berner Alpen. Die herbe Schönheit des Chilchbalm-Kessels. Die schwindelerregende Aussicht vom Tanzbödeli auf die Jungfrau und andere Spitzen.
Karte: 264 T Jungfrau; 1248 Mürren.
Varianten: Ohne Schneeige Lücke, womit die Tour leichter, nämlich rot wird. Von Gimmelwald (oder Stechelberg) über Busenalp aufs Tanzbödeli – oder auch nicht – und gleich unterhalb davon durch den steilen Hang nach Obersteinberg; weiter auf Tour 15; 5–6 Std.
Anschlußtouren: 12, 13, 15, 16; aus Rother Wanderführer Berner Oberland West 38.
Anmerkung: Heinrich Claurens »Mimili« gibt's als Reclam-Bändchen.

»'Das ist ein himmlischer Abend', flüsterte sie leise, und die sanfte Glut im Abend, und die himmelreine Höhe der Jungfrau, spiegelten sich in ihren dunkelblauen Augen, und die schwanenweiße Brust drängte sich wogend aus dem samtenen Mieder! Da gewältigte mich ihr namenloser Liebreiz, ich umschlang das schöne Mädchen und drückte ihr, berauscht von dem Entzücken der Abendfeier, den ersten Kuß auf die süßen Lippen. Sie aber sank schweigend an meine Brust und lispelte leise: 'So haben die Alpen noch nie mir geglüht!'« Die Rundtour über Schneeige Lücke und Tanzbödeli zur Busenalphütte, wo der preußische Junker, Ritterkreuzträger und Frauen-

Zacken statt Rundungen: Ein Grasgrat erklimmt von rechts das flache Tanzbödeli.

held Wilhelm das tugendhafte Oberländer Bauernmädchen Mimili küsste, ist so atemberaubend wie diese alpin-erotische Erzählung von 1819.

Von der Seilbahnstation in **Gimmelwald** durchs Dörfchen und auf dem Fahrweg hinein ins **Sefinental**. Darin bis in den wuchtigen Talkessel der **Chilchbalm** (etwa 1580 m), wo der Pfad aufhört. Die verschiedenen Zuflüsse der Sefinen Lütschine an geeigneter Stelle überschreiten, was nicht immer ganz leicht ist; evtl. auf Lawinenschneeresten am Fuß der Nordwände von Gspaltenhorn und Tschingelspitz. Auf etwa 1680 m beginnt der Aufstieg über einen steilen Grashang ins **Hindrists Busental** (zuerst links-, dann rechtshaltend; einzelne Pfadspuren und Markierungen). Man gelangt so auf ein mit großen Blöcken übersätes Flachstück. Weiter über Geröll, sich möglichst links im Tal haltend (Eis- und Steinschlaggefahr vom Tschingelgrat), hinauf in die auf der Karte namenlose **Schneeige Lücke** (etwa 2360 m) südlich des Ghudelhorns. Über Geröll hinab ins Vordrists Busental, bis auf etwa 2140 m, dann ostwärts in eine Lücke (etwa 2190 m) südlich des Schafhorns hinauf. Auf Pfadspuren schräg rechtshaltend unter den Steilflanken von Ellstab und Spitzhorn hinab zum Pfad, der von der Busenalphütte heraufkommt (bei P. 1933 m). Auf ihm ostwärts zur Busenegg (ohne Namen auf der Karte), wo man wieder auf einen offiziellen Wanderweg gelangt. Auf diesem kurz hinauf, bis rechts der Pfad zum **Tanzbödeli** abzweigt. Er führt um eine Rippe herum und über einen steilen Grashang auf diese Aussichtsterrasse (etwa 2130 m) unter dem Spitzhorn. Zurück zu P. 1933 m auf der Alp Busen und hinab zur **Busenalphütte** (1841 m; Gsodboden auf der Karte). Ostwärts auf dem Pfad wieder zum Wanderweg, der durch den Busenwald jäh ins **Sefinental** hinabsinkt. Talauswärts zuerst flach, dann steil hinunter nach **Stechelberg**.

Auch von Autoren erobert: Jungfrau in der Abendsonne.

15 Hinteres Lauterbrunnental

Zarte Blumen, eisige Nordwände, wilde Bäche, romantische Berghotels

Stechelberg – Trachsellauenen – Schmadribach – Oberhornsee – Obersteinberg – Folla – Stechelberg

Ausgangs- und Endpunkt: Stechelberg (910 m); vgl. Tour 16.
Gehzeiten: Stechelberg – Schmadribach 4 Std., Schmadribach – Oberhornsee 45 Min., Oberhornsee – Obersteinberg 45 Min., Abstieg nach Stechelberg 2 Std.; Gesamtgehzeit 7½ Std.
Höhenunterschied: 1300 m.
Anforderungen: Lange, markierte, wenig schwierige Bergwanderung mit mehreren Einkehr- und Unterkunftsmöglichkeiten. Bei schlechter Sicht nicht ganz leichte Orientierung bei der Oberhornmoräne.
Beste Jahreszeit: Ende Juni bis Oktober.
Unterkunft: In Stechelberg: vgl. Tour 16. Berghotels: Trachsellauenen (✆ 033/8551235), Obersteinberg (✆ 033/8552033), Tschingelhorn auf Folla (✆ 033/8551343); alle offen Mai/Juni bis September/Oktober. Schmadrihütte (2262 m), Selbstversorgerhütte des Akademischen Alpenclubs Bern, 12 Plätze, immer offen.
Sehenswertes: Natur und Kultur in seltener Harmonie.
Karte: 264 T Jungfrau; 1248 Mürren.
Varianten: Direktaufstieg von Trachsellauenen über Schiirboden, Läger, Im Tal und Schafläger zum Oberhornsee; 3½ Std. (so verläuft der 1994 eingeweihte Timberland-Weg). Abstieg von Obersteinberg über Tanzbödeli und Busenalp ins Sefinental; vgl. Tour 14.
Anschlußtouren: 13, 14, 16.
Tip: Wegen der Nachmittagssonne in der angegebenen Richtung wandern. Beim Verkehrsbüro Lauterbrunnen ist eine gute Broschüre zum Hinteren Lauterbrunnental erhältlich.

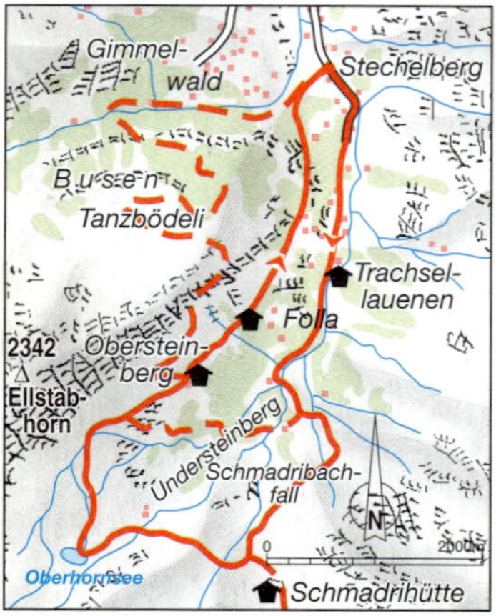

Bergbauern (die Schiirboden-Hütte von 1805 ist ein Juwel), Bergsteiger (Welzenbach-Routen in den Nordwänden von Gletscher-, Groß- und Breithorn), Bergarbeiter (Hochöfen und Knappenhaus von Trachsellauenen 1993/94 restauriert; Stollen auf eigenes Risiko zugänglich), Berghotels (dasjenige von Obersteinberg gehört zu den charmantesten des Oberlandes), Bergbäche (der Schmadribachfall war früher fast so berühmt wie der Staubbachfall) – das sind die Besonderheiten dieser Wanderung.
Von **Stechelberg** auf dem Saumweg taleinwärts, zuerst links der Weißen Lütschine, ab Sichellauenen rechts über **Trachsellauenen** (1202 m) bis Schiirboden (Scheuerboden, 1379 m). Auf dem gelb-grün markierten Tim-

berland-Weg des Schweizerischen Bundes für Naturschutz linkshaltend über zwei Wildbäche hinauf zur Abzweigung zum Holdrifall (der kurze Abstecher dorthin lohnt sich). Kurz danach wieder links abbiegen und auf einem teilweise neu erstellten, erdigen Pfad in vielen Kehren steil hinauf zum Hüttenweg zur Schmadrihütte, der von den Schwand-Hütten herüberkommt (Eisschlaggefahr). Schräg dem gestuften Steilhang entlang hinauf auf die geröllige Verflachung beim **Schmadribach**, wo der Weg zur Schmadrihütte (2262 m) abzweigt (150 Höhenmeter, 30 Min.). Westwärts auf dem steinigen Weg auf die Oberhornmoräne (etwa 2150 m), fast hinab zur Alp Oberhorn (2029 m) und dem Chrummbach entlang zum **Oberhornsee** (2065 m). Abstieg nach Schafläger, über die Tschingel Lütschine und durch die jähe Flanke zum Berghotel **Obersteinberg** (1778 m). Auf dem Höhenweg dem Hang entlang über das Berghotel **Tschingelhorn auf Folla** (1678 m) bis zum Ausgang des Sefinentals. Steil hinab nach **Stechelberg**.

Schlicht grandios: Naturschutzgebiet Hinteres Lauterbrunnental.

16 Rottalhütte, 2755 m

Erweiterung der Pupillen beim Eintritt ins Hochgebirge

Stechelberg – Altläger – Bäreflue – Rottalhütte – Stechelberg

Ausgangs- und Endpunkt: Stechelberg (910 m); Postauto [Linie 311.15] von Lauterbrunnen; dorthin mit der Bahn [311] von Interlaken Ost.

Gehzeiten: Aufstieg 5½ Std., Abstieg 4 Std.; Gesamtgehzeit 9½ Std.

Höhenunterschied: Auf- und Abstieg je 1850 m.

Anforderungen: Strenge Bergwanderung in abschüssigem Gelände. Schlüsselstelle ist eine steile und steinschlaggefährdete Rinne (Drahtseile); auch zwei, drei andere Stellen erfordern erhöhte Vorsicht. Weg markiert.

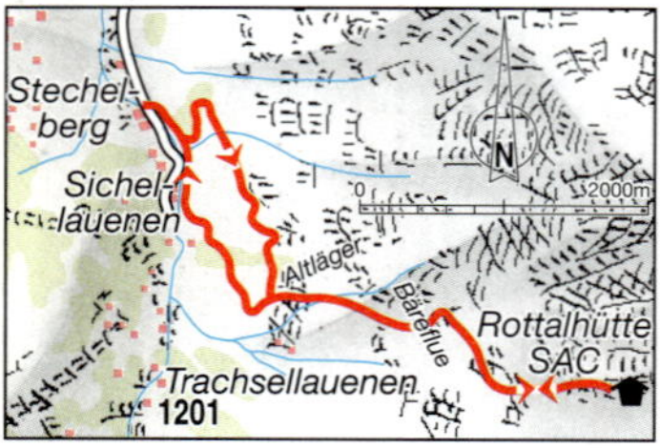

Beste Jahreszeit: Juli bis September; am ruhigsten im Herbst, wenn Neuschnee die Alpinisten vor Hochtouren abhält und so Wanderer die Hütte für sich haben.

Unterkunft: Rottalhütte SAC, 45 Plätze, immer offen, in der Hochsaison am Wochenende bewirtschaftet, ✆ 033/8552445. In Stechelberg: Hotel Stechelberg (✆ 033/8552921), Naturfreundehaus Alpenhof (✆ 033/8551202).

Sehenswertes: Der Blick auf das Hintere Lauterbrunnental. Das Ächzen des Gletschers. Die Jungfrau hautnah.

Karte: 264 T Jungfrau; 1248 Mürren, 1249 Finsteraarhorn.

Anschlußtouren: 14, 15, 17.

Wichtiger Hinweis: Zwischen Altläger und Bäreflue, wo die Eislawine von der Jungfrau herunterkommen könnte, nicht Pause machen; auch nicht beim Stein, an dem geschrieben steht: »½ Weg Rottalhütte«, eher schon bei den Überresten eines Alpgebäudes (P. 1937 m).

»So weit hier das Auge reicht, und der kühne Fuss zu dringen vermag, ist alles in grauser Verwüstung über einander geworfen.« Diese Feststellung über den Ort, wo die heutige Rottalhütte steht, hielt den Solothurner Gymnasiallehrer und Geologen Franz Josef Hugi nicht davon ab, mit seinen Führern von 1827 bis 1830 vier Mal ins wilde Rottal vorzudringen, eine sehr einfache Unterkunft zu bauen und einen Besteigungsversuch der Jungfrau zu wagen. Ein Grund dafür, warum das Rottal ein legendärer Ort im Berner Oberland ist. Heute: Ein schier senkrechter Aufstieg auf schmalen Pfaden von den Apfelbäumen zur Vegetationsgrenze, inmitten überwältigender Natur.

Von **Stechelberg** auf dem Saumweg östlich der Lütschine 400 m taleinwärts bis zum Linksabzweig des markierten Hüttenweges beim Staldenbach. Er führt steil zu den Felsen der Staldenflue und zieht an diesen entlang auf einem teilweise ausgesetzten Band zur **Alp Altläger** (1580 m) hinauf; dieser Weg ist der sogenannte »Zügelweg«, weil er für den Alpaufzug (= zügeln) diente. Der Pfad zickzackt weiter zum Schafbach hoch, quert diesen und

Welch ein Ort: Blick auf Tschingelhorn, Doldenhorn und Blüemlisalp (von links).

folgt einer Moräne über P. 1937 und an der Abzweigung zur Silberhornhütte vorbei zur **Bärefluе**, die seit 1977 an einer neuen, eisschlaggeschützten Stelle überwunden wird. Die Route geht durch eine erst im letzten Augenblick sichtbare, brüchige Steilrinne, in der Drahtseile den Durchstieg erleichtern. Auf dem grasigen »Dach« der Bäreflue zu einer Schulter oberhalb des Rottalgletschers. Ostwärts auf und oberhalb der Moräne in teils jähem Gelände zur **Rottalhütte**, die zuletzt über einige Felsstufen erreicht wird. Der Abstieg erfolgt bis **Altläger** auf der gleichen Route. Von der Hütte auf einem unmarkierten Pfad südwärts hinab gegen den Schafbach, wo der Weg von der Alp Stuefestein einmündet. Nordwestwärts durch felsdurchsetzte Hänge, vorbei an Überresten der Wildheuerei-Zeit (Drahtseile, Bretterverschlag), hinab nach Sichellauenen; dieser Weg ist der sogenannte »Fußweg«, die rasche Verbindungsroute der Sennen vom Tal auf die Alp. Schließlich auf dem Saumweg zurück nach **Stechelberg**.

17 Staubbachfall und Trümmelbachfälle

Poetische und dramatische Naturwunder im »Yosemite Valley« der Alpen

Lauterbrunnen – Staubbachfall – Trümmelbachfälle – Stechelberg

Ausgangspunkt: Lauterbrunnen (795 m); vgl. Tour 11.
Endpunkt: Stechelberg (910 m); Tour 16.
Gehzeiten: Lauterbrunnen – Staubbachfall 30 Min., Weiterweg zu den Trümmelbachfällen 30 Min., Trümmelbachfälle ½– 1½ Std., Weg nach Stechelberg 1¼ Std.; Gesamtgehzeit rund 3 Std.
Höhenunterschied: Gut 100 m.
Anforderungen: Keine.
Beste Jahreszeit: Mai bis Juli; Trümmelbachfälle täglich geöffnet 8/9 bis 17/18 Uhr von April bis November. Die Wanderung ist immer möglich.
Einkehr und Unterkunft: Hotels in Lauterbrunnen. Hotel Trümmelbach (✆ 033/8553232). In Stechelberg; vgl. Tour 16.
Sehenswertes: Der Staubbachfall ist mit 287 m freier Fallhöhe der höchste Wasserfall der Schweiz. Die Trümmelbachfälle, die einzigen Gletscherwasserfälle Europas im Berginnern. Der Mürrenbachfall, dessen Kaskaden über insgesamt 600 m stürzen.
Karte: 254 T Interlaken, 264 T Jungfrau; 1228 Lauterbrunnen, 1248 Mürren.
Varianten: Nur Trümmelbachfälle. Oder von dort Aufstieg nach Wengen (vgl. Tour 20).
Anschlußtouren: 12, 14, 15, 16, 17, 20; aus Wanderführer Berner Oberland West 38.
Tip: Pullover und Windjacke nicht vergessen. Der Staubbachfall ist am schönsten in der Vormittagssonne.

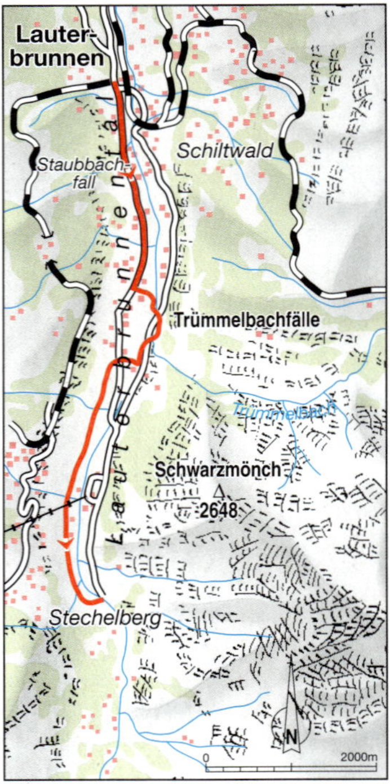

»Strömt von der hohen, / Steilen Felswand / Der reine Strahl, / Dann stäubt er lieblich / In Wolkenwellen / Zum glatten Fels, / Und leicht empfangen / Wallt er verschleiernd, / Leisrauschend / Zur Tiefe nieder.« Hätte Johann Wolfang von Goethe 1779 auf seiner zweiten Schweizer Reise nicht nur den Staubbachfall gesehen, sondern auch die donnernden, jährlich 20 000 Tonnen Geröll von Eiger, Mönch und Jungfrau transportierenden Trümmelbachfälle im Berginnern besucht, so würde sein Gedicht »Gesang der Geister über den Wassern« dramatischer tönen. Doch diese Fälle wurden erst 1877 zugänglich gemacht, die untersten der insgesamt zehn Fälle erst 1990.

Vom Bahnhof **Lauterbrunnen** auf der Straße durchs Dorf; wo diese links hinabkurvt auf einem Sträßchen weiter geradeaus zum Friedhof. Auf dem im Sommer 1997 wiedereröffneten Weg auf den Staubbachhubel und hinein in die 100 m lange Galerie hinter dem Wasserfall. Zurück aufs geteerte Sträßchen und taleinwärts bis Bir Buechen. Auf dem Wanderweg quer über den Talboden, über die Weiße Lütschine und den Trümmelbach zur gleichnamigen Postautohaltestelle (819 m), zum Restaurant und zum Eingang. Mit dem Lift im Berginnern hoch, zuerst die oberen **Trümmelbachfälle** besichtigen, dann die unteren. Später auf der Hauptstraße 500 m Richtung Stechelberg bis zu einem Zeltplatz. Durch diesen hindurch die Talseite wechseln und westlich der Weißen Lütschine auf Sträßchen, dann Fußweg unter dem Mürrenbach- und weiteren Wasserfällen vorbei nach **Stechelberg**.

Das Donnern der Geister im Wasser: bis zu 20 000 Liter pro Sekunde.

18 Eigergletscher, 2320 m

Viele Sehenswürdigkeiten auf einem alten und doch neuen Weg

Wengen – Biglenalp – Eigergletscher – Kleine Scheidegg

Ausgangspunkt: Wengen (1275 m); Bahn [Linie 311] von Interlaken Ost über Lauterbrunnen.
Endpunkt: Kleine Scheidegg (2061 m); Bahn nach Lauterbrunnen [311] oder Grindelwald [312].
Gehzeiten: Wengen – Stalden 1½ Std., Stalden – Biglenalp 45 Min., Biglenalp – Eigergletscher 2 Std., Abstieg auf die Kleine Scheidegg 30 Min.; Gesamtgehzeit 4¾ Std.
Höhenunterschied: Aufstieg 1050 m, Abstieg 260 m.
Anforderungen: Bergwanderung auf durchwegs markierten Wegen.
Beste Jahreszeit: Juni bis Okt./November.
Einkehr: Auf Eigergletscher.
Unterkunft: Hotels in Wengen. Eigergletscher; vgl. Tour 19. Kleine Scheidegg; vgl. Tour 20.
Sehenswertes: Die 12 Staubbachbänkli; der Aussichtspunkt Stalden; die Eiswände und Eislawinen von Jungfrau und Mönch; die Eigernordwand von der Kleinen Scheidegg.
Karte: 254 T Interlaken, 264 T Jungfrau; 1228 Lauterbrunnen, 1229 Grindelwald, 1249 Finsteraarhorn.
Varianten: Eigergletscher rechts liegen lassen und direkt auf die Kleine Scheidegg hinauf (1 Std. Zeitersparnis). Abstieg auf der Normalroute nach Wengen (1¾ Std.).
Hinweis: Anfang September findet der Jungfrau-Marathon von Interlaken via Lauterbrunnen, Wengen und Eigergletscher auf die Kleine Scheidegg statt.
Anschlußtouren: 19, 20.

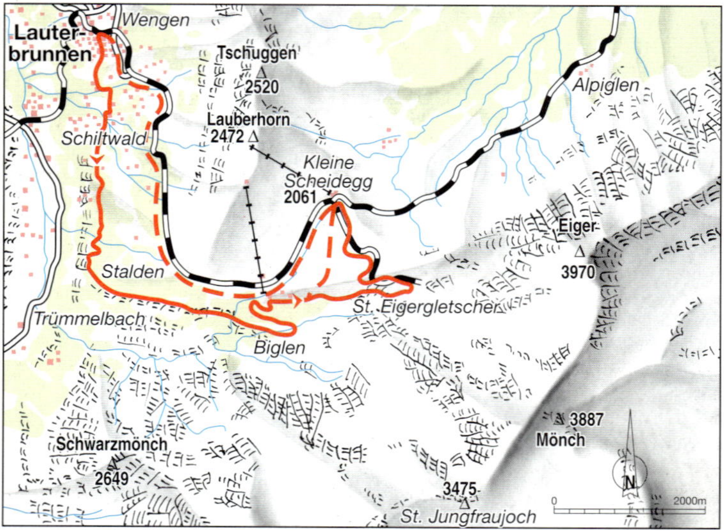

Ein Platz zum Verweilen: Staubbachbänkli bei Wengen.

»Zuoberst auf der Alp, wo man nur mitten im Sommer Hirten antrift, die die Reisenden mit Milchspeisen bewirthen, hat man die majestätischen Gipfel des Eigers vor sich.« Heute trifft man Leute mit hirtenähnlicher Bekleidung das ganze Jahr an, die Touristen aus der ganzen Welt bewirten, welche gekommen sind, um mit einer Zahnradbahn durch den Eiger aufs Jungfraujoch zu fahren. Die Alp ganz oben heißt Kleine Scheidegg; ihre erste bekannte touristische Überquerung machten 1771 der Engländer Norton Nichols, der Landvogt und Philosoph Karl Viktor von Bonstetten und Jakob Samuel Wyttenbach, Naturwissenschaftler und Pfarrer an der Heiliggeistkirche in Bern. Letzterer veröffentlichte 1777 den ersten Reiseführer fürs Berner Oberland. Sein Titel: »Kurze Anleitung für diejenigen, welche eine Reise durch einen Theil der merkwürdigsten Alpgegenden des Lauterbrunnenthals, Grindelwald, und über Meyringen auf Bern zurück, machen wollen.«
Ein paar Schritte oberhalb des Bahnhofs **Wengen** unter den Geleisen hindurch, durchs Dorf hinab und auf dem Sträßchen taleinwärts flach nach **Schiltwald** zu den **Staubbachbänkli**. Kurz hinauf, dann auf einem sehr schönen (Wald-)Weg taleinwärts, zuerst flach, später aufsteigend zur Wegkreuzung auf **Stalden** (1665 m). Auf einem Fahrweg zur Alp Mettla und auf dem Höhenweg auf die **Biglenalp** (1707 m; »In der Biglen« auf der Karte). Kurz dem Trümmelbach entlang und links den Weg nehmen, der auf den Rücken hinaufzieht, der von Eigergletscher herabkommt. Ihm entlang erreicht der Bergweg die **Station Eigergletscher**. Entlang der Gleise der Jungfraubahn hinab auf die **Kleine Scheidegg**.

Tal von Grindelwald: Gletscher und Gasthäuser

»Wie ein gigantisches Stück Pflaumenkuchen«: So beschrieb Daniel P. Rhodes in »A Pleasure-Book of Grindelwald« das Kleine Fiescherhorn. Und das Wetterhorn war für ihn die »himmlische Kathedrale von Chartres: diese breiten Bahnen von karmensinrotem Licht, das gegen seine Flanken stürzt, können fast erhört werden – wie in einer englischen Prozession.« So poetisch ist nicht das ganze, 1903 in New York erschienene »Erlebnisbuch von Grindelwald«. Aber beim Anblick des Hochgebirges von Grindelwald geraten alle ins Schwärmen, und dies seit mehr als 250 Jahren.

»Ein jeder, der eine Reise durch die Schweiz macht, will den Grindelwald sehen, und sagt dann, er sey in den Alpen gewesen«, schrieb Carl Gottlob Küttner 1785 in seinen »Briefen eines Sachsen aus der Schweiz«. Zu einem Besuch von Grindelwald gehört der Besuch seiner Gletscher, insbesondere der Eisgrotte im Oberen und der Gletscherschlucht beim Unteren Grindelwaldgletscher (Tour 21): Ihre Kühle ist besonders dann wohltuend, wenn die Nullgradgrenze wochenlang auf der Höhe des Finsteraarhorns (4273 m) liegt. Die Klimaerwärmung wiederum ist dafür verantwortlich, daß sich der Obere Grindelwaldgletscher jährlich um 50 bis 60 Meter zurückzieht; noch ist er der am tiefsten hinabreichende Alpengletscher, aber die Grotte zur Innenansicht des scheinbar ewigen Eises mußte viel weiter oben herausgebrochen werden. Von der Bergstation der Pfingstegg-Seilbahn schlendert es sich gemütlich zur Stieregg (1650 m) oberhalb des Unteren Grindelwaldgletschers. Hier entstand 1823 die erste alpine Unterkunft im Berner Oberland, die Stieregghütte – eindrücklich präsentiert sich von dort die hochalpine Szenerie: Die Fiescherwand ist zum Greifen nah. Noch näher ist das Eis auf dem Teller.

Andere berühmte alpine Bergunterkünfte sind das Berghotel auf dem 2680 m hohen Faulhorn (Touren 24 bis 26), wo schon Königinnen den Sonnenaufgang bewunderten, oder das Hotel Gleckstein (Tour 22), das ursprünglich gebaut wurde als Zwischenstation der geplanten Seilbahn vom Hotel Wetterhorn auf den Wetterhorn-Gipfel. Von dieser Bahn wurde zum Glück nur die unterste Sektion gebaut (und wieder abgerissen). Auch sonst erschließen genug Bahnen die Berge rund um Grindelwald – unter anderem rattert eine Zahnradbahn durch Eiger und Mönch auf das Jungfraujoch (3454 m), die höchstgelegene Station Europas. Kurz: Grindelwald ist das Mekka der touristischen und alpinistischen Erschließung der Alpen.

Der schroffe Gegensatz zwischen der berühmt-berüchtigsten Wand der Alpen (der Eigernordwand mit ihren mehr als 20 Routen) und den ausgetrampelten Höhenwegen vom Männlichen auf die Kleine Scheidegg (Tour 19) oder von der Schynigen Platte zum Faulhorn erfrischt noch immer Auge und Herz. Der Eiger und die andern Gipfel schießen so schrecklich mächtig in die Höhe hinauf, daß die Bau- und die andern durch den Fremdenverkehr bedingten Sünden gar nicht mehr richtig auffallen. Schon Gottlieb Strasser,

Beeindrucken seit jeher Touristen: Fiescherwand und Unterer Grindelwaldgletscher.

besser bekannt als Gletscherpfarrer, hat während seiner Schaffenszeit von 1879 bis 1912 kritisiert: »Da sieht man vor Palästen die Berge bald nicht mehr!« Ohne seine Drei- und Viertausender wäre das 1000 Meter hoch gelegene Grindelwald jedenfalls nicht einer der bekanntesten Sommer- und Winterfrischen der Alpen und vielleicht auch der Welt – die vielen Touristen, die zu jeder Jahreszeit und Witterung auf das Jungfraujoch fahren, unterstreichen diese Tatsache. Die Ansagen, wenn die Bahn zum Beispiel die Station »Eismeer« erreicht, erfolgen neben deutsch, französisch und italienisch auch auf englisch und japanisch.

19 Männlichen, 2342 m – Eiger-Trail

Gegenüber und unter der weltberühmten Nordwand

(Wengen oder Grindelwald) – Bergstation Männlichen – Männlichen – Kleine Scheidegg – Station Eigergletscher – Alpiglen

Talort: Wengen (1275 m); vgl. Tour 18; Grindelwald (1034 m); vgl. Tour 20.
Ausgangspunkt: Bergstation Männlichen (2229 m); Luftseilbahn von Wengen (Ende Mai bis Ende Oktober) oder Gondelbahn (Anfang Juni bis Mitte Oktober) von Grindelwald-Grund (943 m); vom Zentrum 20 Min.
Endpunkt: Alpiglen (1616 m); mit der Jungfraubahn [312] hinab nach Grindelwald.
Gehzeiten: 4½ Std., davon 2 Std. für den Eiger-Trail.
Höhenunterschied: Aufstieg 440 m, Abstieg 1050 m.
Anforderungen: Der Weg Männlichen – Kleine Scheidegg – Eigergletscher ist kinderleicht, für den Eiger-Trail braucht's Trittsicherheit. Wer noch gleich in die Nordwand einsteigen will, sollte schwindelfrei sein und einen Schutzengel dabei haben. Feldstecher mitnehmen.
Beste Jahreszeit: Juni bis Oktober. Erst am Nachmittag in den Eiger-Trail einsteigen.
Einkehr und Unterkunft: Bergrestaurant Männlichen (✆ 033/8531068). Kleine Scheidegg; vgl. Tour 20. Guesthouse Eigergletscher (✆ 0794563639). Hotel des Alpes, Alpiglen (✆ 033/8531130).
Sehenswertes: Hinterstoisserquergang, Todesbiwak, Götterquergang, Spinne. Mehr dazu in Daniel Anker: Eiger, die vertikale Arena, AS-Verlag, Zürich 2000.
Karte: 254 T Interlaken; 1229 Grindelwald.
Variante: Von Wengen zu Fuß auf dem atemberaubenden Weg auf den Männlichen (3¼ Std). Von Grindelwald zu Fuß in 4¾ Std.
Anschlußtouren: 18, 20.
Tip: Mit dem Mountainbike von Grindelwald; geteerte Straße bis Berghaus Männlichen. Im Sommer Eiker Bike Challenge sowie Älplerfest auf dem Männlichen.

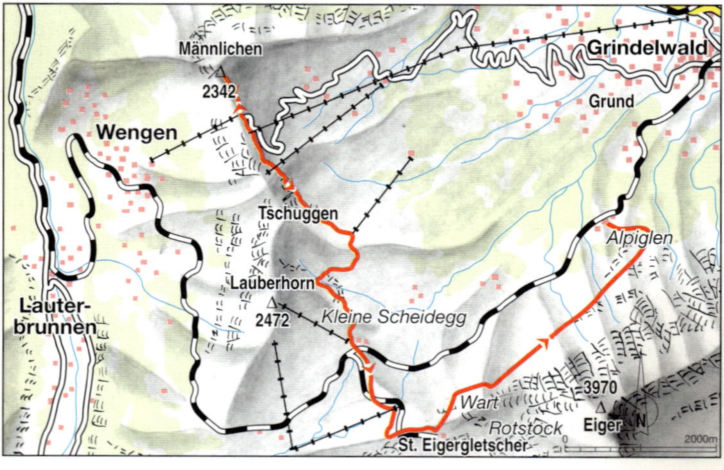

Logenplatz für die Spinne: Blick vom Eiger-Trail auf die Wand der Wände.

Was das Matterhorn für Zermatt, ist für Grindelwald die Eigernordwand: die Berge als Gruselkabinett. Der Eiger wäre nicht so berühmt geworden, wenn die Unglücksfälle in der Nordwand nicht immer wieder für Schlagzeilen gesorgt hätten. Die Touristen drängeln sich vor den Fernrohren beim Berghaus Männlichen und auf der Kleinen Scheidegg; sie drohen sich zu stauen auf der »Wanderautobahn« Männlichen – Kleine Scheidegg sowie auf dem 1997 eröffneten Eiger-Trail am Fuß der Nordwand. Der Blick von der sicheren Terrasse auf die bedrohliche Natur: Nach diesem Muster funktioniert der Tourismus seit seinen Anfängen. Wildnis und Zivilisation: Beim Abenteuer dabei sein, aber bitte mit Distanz und einer Rückfahrkarte in der Hand.
Von der **Seilbahn-Bergstation Männlichen** auf dem Wanderweg über den Südrücken in 15 Minuten zum Gipfel des **Männlichen** – ein Abstecher, der sich unbedingt lohnt. Zurück und auf dem breiten Höhenweg unter dem Tschuggen hindurch auf die **Kleine Scheidegg** (2061 m). Mehr oder weniger entlang der Gleise der Jungfraubahn hinauf zur **Station Eigergletscher** (2320 m), wo die Bahn im Bauch des Eigers verschwindet. Der Eiger-Trail beginnt bei der Station und geht auf die Nordseite des Rotstocks, wo man Eiger-Fels berühren kann. Wenig später steigt der Weg auf den Grasbuckel **Wart**. Quer durch grasig-geröllige Ausläufer der Eigerwand sinkt er dann stetig abwärts. Zuletzt, nun schon an der Waldgrenze, kommt man zu einem Wegweiser: nach rechts könnte man weiter absteigen zur Grindelwalder Gletscherschlucht, nach links geht's nach **Alpiglen**.

20 Kleine Scheidegg, 2061 m

Im Banne von Eiger, Mönch und Jungfrau

Grindelwald – Alpiglen – Kleine Scheidegg – Wengernalp – Wengen und Lauterbrunnen oder Trümmelbach

Ausgangspunkt: Grindelwald (1034 m); Bahn [Linie 312] von Interlaken Ost.
Endpunkt: Lauterbrunnen (795 m) oder Trümmelbach (819 m); vgl. Tour 15.
Gehzeiten: Grindelwald – Alpiglen 2¼ Std., Alpiglen – Kl. Scheidegg 1½ Std., Scheidegg – Wengernalp 30 Min., Wengernalp – Wengen 1¾ Std., Wengen – Lauterbrunnen 1¼ Std., Wengernalp – Trümmelbach 2½ Std.; Gesamtgehzeit 7¼ Std.
Höhenunterschied: Aufstieg 1100 m, Abstieg 1350 m.
Anforderungen: Leicht, lang, markiert; der abenteuerliche Abstieg nach Trümmelbach ist aber nur für trittsichere, schwindelfreie Bergwanderer geeignet (Schwierigkeit rot)!
Beste Jahreszeit: Juni bis November (ohne Abstieg nach Trümmelbach; Gefahr von Vereisung!).
Einkehr und Unterkunft: Hotels in Grindelwald, Wengen, Lauterbrunnen und Trümmelbach. Hotel des Alpes, Alpiglen (✆ 033/8531130). Kleine Scheidegg: Scheidegg Hotels (✆ 033/8551212), Röstizzeria-Bahnhof (✆ 033/8551151), Grindelwaldblick (✆ 033/8551374). Hotel Jungfrau, Wengernalp (✆ 033/8551622).
Sehenswertes: Nordwände, Bergbahnen, Lütschinentäler, Wasserfälle.
Karte: 254 T Interlaken, 264 T Jungfrau; 1228 Lauterbrunnen, 1229 Grindelwald, 1248 Mürren.
Variante: Von Grindelwald nach Alpiglen mit der Wengernalpbahn [312].
Anschlußtouren: 11, 17, 18, 19, 21, 27, 30; aus Wanderführer Berner Oberland West 38.

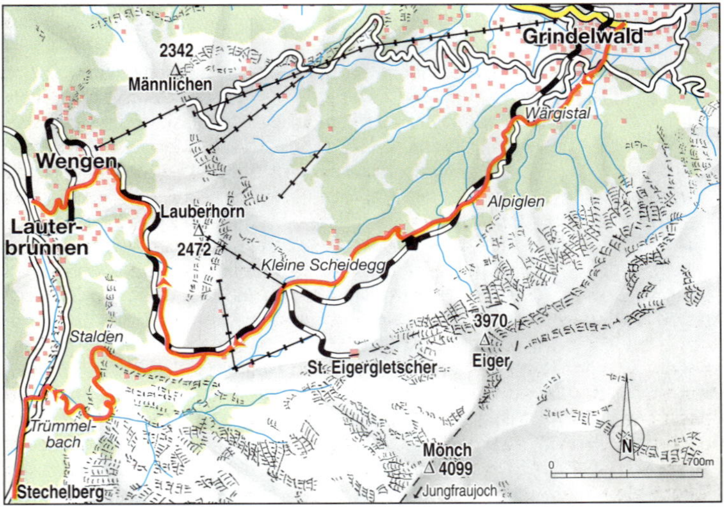

Klassisches Ziel unterhalb Eiger und Mönch: Bahnknotenpunkt Kleine Scheidegg.

An Eiger (3970 m), Mönch (4107 m) und Jungfrau (4158 m) wurde Alpin- und Tourismusgeschichte geschrieben: Erstbesteigung der Jungfrau 1811, des Nordbollwerks des Mönchs 1866, der Eigernordwand 1938 sowie Eröffnung der Jungfraujochbahn 1912.

Vom Bahnhof **Grindelwald** kurz dorfeinwärts, auf der Straße Richtung Grund abwärtsgehen, beim Gasthof Glacier aber links halten und auf der Straße hinab zur Brücke über die Schwarze Lütschine (951 m). Nun immer den Wegweisern »Alpiglen« folgend durch die Grindelwald-Fraktion Wärgistal, auf Straßen, Fahr- und Fußwegen. Von **Alpiglen** (1616 m) zuerst noch der Wengernalpbahn entlang, dann hinüber zum Arvengarten und hinauf auf die **Kleine Scheidegg**. Der Bahntrasse entlang auf die **Wengernalp** (1874 m). Hier teilen sich die Wege: Entweder weiter den Schienen entlang nach **Wengen** (1275 m) und auf dem Zickzackweg hinab nach **Lauterbrunnen**. Oder auf dem Fußweg, den Fahrweg kreuzend, hinab auf die **Alp Mettla** und auf dem Fahrweg flach zur Wegkreuzung auf **Stalden** (1665 m). Nach links und südwärts zur oberen und unteren Alp von Preech. Der schmale Weg senkt sich zum Grund des tief eingeschnittenen Tals des Trümmelbachs hinab und quert diesen auf einem Steg. Auf der anderen Seite kurzer Gegenanstieg. Der Pfad zickzackt jäh ins Lauterbrunnental hinab, zuunterst über eine Felsstufe, aus welcher der Weg herausgesprengt wurde (Drahtseile, bei Nässe heikel). Durch eine Wiese zur Talstraße und nach rechts nach **Trümmelbach** – oder nach links in etwa 1 Std. nach **Stechelberg**.

21 Oberer und Unter Grindelwaldgletscher

Eisige Tour für heiße Tage

Hotel Wetterhorn – Eisgrotte – Gesteinslehrpfad – Pfingstegg – Stieregg – Grindelwald

Talort und Endpunkt: Grindelwald (1034 m); vgl. Tour 20.
Ausgangspunkt: Hotel Wetterhorn (1228 m); vgl. Tour 22.
Gehzeiten: Hotel Wetterhorn – Eisgrotte ¾ Std., Eisgrotte – Pfingstegg 1¼ Std. Pfingstegg – Stieregg 1 Std., Stieregg – Grindelwald 2 Std.; Gesamtgehzeit 5 Std.
Höhenunterschied: Aufstieg rund 650 m, Abstieg rund 850 m.
Anforderungen: Für schwindelfreie Turnschuhwanderer; wer seinen Knöcheln den Abstieg ins Tal nicht zutraut, nimmt die Pfingstegg-Seilbahn (fährt von Juni bis Oktober). Durchwegs gut markierte Bergwege.
Beste Jahreszeit: Juni bis Oktober.
Einkehr: Restaurants Gletscherbar, Milchbach, Pfingstegg, Gletscherschlucht.
Unterkunft: Hotel Wetterhorn (✆ 033/8531218). Restaurant Stieregg, 16 Plätze, offen Juni bis Oktober (✆ 033/8531766). Berghaus Marmorbruch (✆ 033/8531318).
Sehenswertes: Eisgrotte und Gletscherschlucht (Eintrittsgebühr). Gesteinslehrpfad, wo man u.a. übereinanderliegende Gesteinsschichten bestaunen kann, deren Alter um 100 Millionen Jahre verschieden ist (gratis).
Karte: 254 T Interlaken; 1229 Grindelwald.
Variante: Von Wegverzweigung P. 1386 über das Berghaus Marmorbruch zum Restaurant Gletscherschlucht. Danach zu Fuß oder mit Bus ins Dorf Grindelwald.
Anschlußtouren: 20, 22, 30.
Tip: Vom Restaurant Milchbach auf dem mautpflichtigen Leiternweg hinauf zum oberen Gletscher (hin und zurück 1½ Std.). Eisgrotte täglich offen 9–18 Uhr, von Mitte Mai bis Ende Oktober.

Hochgebirge hautnah: Stiereggweg mit Klein und Gross Fiescherhorn.

Eiskalter Hauch von Abenteuer: Der Weg zur Grotte im Oberen Gletscher ist gesichert.

Ein Aufenthalt in Grindelwald ohne Ausflug zu mindestens einer der Natursehenswürdigkeiten, die der hintersten Siedlung im Tal der Schwarzen Lütschine den Beinamen Gletscherdorf gaben, wäre wie ein Aufenthalt in Bern ohne Besuch des Bärengrabens.

Vom **Hotel Wetterhorn** (»Im Brand« auf der Karte) hinab zur Schwarzen Lütschine und hinauf zur Abzweigung zur **Eisgrotte** im Oberen Grindelwaldgletscher. 890 Treppenstufen hoch zur Eisgrotte. Später wieder hinab und in einigen Serpentinen hinauf zum Restaurant **Milchbach** auf der Halsegg (1348 m). Ein Gesteinslehrpfad führt als Höhenweg in der Nordwestflanke des Mättenbergs zur Bergstation der **Pfingstegg-Seilbahn** (1392 m); auf einer Tafel bei den Plattenschüssen von Breitlouwina finden sich Erläuterungen. Von der Pfingstegg auf dem Höhenweg hinein ins Tal des Unteren Grindelwaldgletscher bis zum Restaurant **Stieregg** (1650 m). Zurück zur Wegverzweigung P. 1386 m, ziemlich steil hinab, dann flacher nach Uf der Halten und zur Mättenbergbrücke (986 m). Auf einer Straße, dann einem Fußweg hinauf zur Dorfstraße von **Grindelwald**.

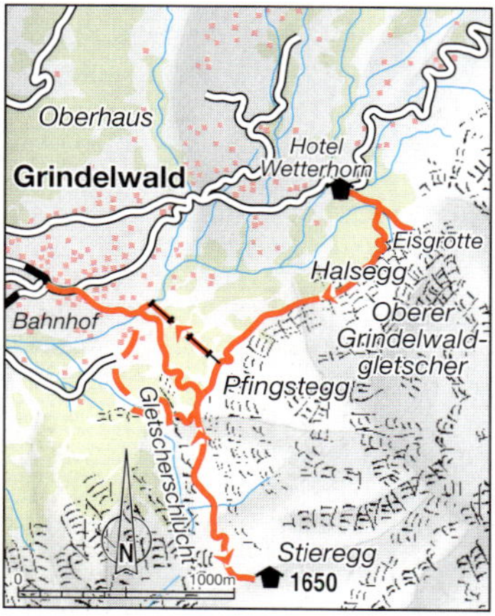

22 Glecksteinhütte, 2317 m

Schwindelerregende Fahrt mitten ins Hochgebirge

Haltestelle Gleckstein – Engi – Glecksteinhütte – Hotel Wetterhorn

Talort: Grindelwald (1034 m); vgl. Tour 20.
Ausgangspunkt: Haltestelle Gleckstein (ca. 1540 m) an der Buslinie [312.20] Grindelwald–Hotel Wetterhorn–Große Scheidegg.
Endpunkt: Hotel Wetterhorn (1228 m), Haltestelle Oberer Gletscher.
Gehzeiten: Aufstieg 2¾ Std., Abstieg 2¼ Std.; Gesamtgehzeit 5 Std.
Höhenunterschied: Aufstieg 800 m, Abstieg 1100 m.
Anforderungen: Guter, ausgesetzter, teilweise drahtseilversicherter Bergweg; bei Nässe heikel. Nur für trittsichere, schwindelfreie Wanderer.

Beste Jahreszeit: Juni bis Oktober.
Einkehr und Unterkunft: Hotel Wetterhorn; vgl. Tour 21. Glecksteinhütte SAC, 100 Plätze, immer offen, Juli bis September bewirtschaftet, ✆ 033/8531140.
Sehenswertes: Steinböcke, Gletscher, Weganlage (auf Zybachs Platten finden sich rätselhafte Stufen links und rechts des heutigen Weges).
Karte: 254 T Interlaken; 1229 Grindelwald.
Varianten: Aufstieg vom Hotel Wetterhorn 1 Std. mehr. Die Strecke Grindelwald – Hotel Wetterhorn zu Fuß (je 1 Std. pro Weg).
Anschlußtouren: 21, 30.
Hinweis: Bei Abbruchgefahr des Gutzgletschers ist der Zugang von der Haltestelle Gleckstein gesperrt.
Tip: Wer mehr wissen will zur Fremdenverkehrs- und Alpinismusgeschichte: Heimatmuseum Grindelwald (offen Juni bis Sept.). Dazu die sehr schön illustrierten Bücher von Rudolf Rubi: »Im Tal von Grindelwald – Vom Bergbauerndorf zum Fremdenort«, »Der Sommer- und Winterkurort«, »Das Gletscherdorf«; alle Verlag Sutter, Grindelwald.

»Die Konzession für einen Bergaufzug vom Hotel Wetterhorn bei Grindelwald nach der Glecksteinhütte am Wetterhorn (...) ist nunmehr erteilt«, meldete das Lokalblatt »Echo von Grindelwald« am 17. Februar 1904: »Es würde das die Hälfte sein von dem gesamten Wetterhornaufzug, der nichts geringeres erstrebt als die Spitze der Haslijungfrau.« Am 27. Juli 1908 war es so weit: Die erste Sektion der geplanten Seilbahn aufs Wetterhorn (3692 m), wie die Haslijungfrau offiziell heißt, wurde in Betrieb genommen – die erste Personenluftseilbahn der Welt. Die zweite Sektion zum 1904 erstellten Hotel Gleckstein wurde nie gebaut, der Wetterhorn-Aufzug 1915 stillgelegt. Beim Hotel Wetterhorn steht eine Kopie der Kabine: ein Denkmal der technischen Eroberung des Hochgebirges. Doch nun ziehen Gewitterwolken am Wetterhorn auf: Grindelwald plant den Bau einer Luftseilbahn am Wetterhorn vorbei aufs Rosenhorn (3689 m), um dort oben ein schneesicheres Skigebiet mitten in einer geschützten Landschaft zu erstellen.

Sollte mit Seilbahn bezwungen werden: Grindelwald-Wahrzeichen Wetterhorn.

Von der **Haltestelle Gleckstein** wenig ansteigend zu den senkrechten Abstürzen des Wetterhorn-Bollwerks. Der gesicherte Ischpfad zieht sich hinaus nach **Engi** (1735 m). Oberhalb der Reste der ehemaligen Bergstation des Wetterhorn-Aufzuges geht es hinein ins Tal des Oberen Grindelwaldgletschers. Zuerst bergab, dann wieder ansteigend durch die jähe Flanke taleinwärts; der Wyssbach-Wasserfall sorgt für eine Dusche, die Querung von Zybachs Platten für Schwindelgefühle. Weiter oben überwindet der ausgesetzte Weg ein letztes Hindernis, bevor über Schafweiden die **Glecksteinhütte**, das mehrmals erweiterte Hotel Gleckstein von anno dazumal, erreicht wird. Abstieg wie Aufstieg, aber nach dem Verlassen der düsteren Nordwestflanke des Wetterhorns links hinab zum **Hotel Wetterhorn**.

23 Schynige Platte – Geiss, 2067 m

Der wildeste, heißeste, blumen- und aussichtsreichste Aufstieg auf die Schynige Platte und ihren südlichsten Gipfel, die Geiss

Gsteigwiler – Bürgle – Bigelti – Schynige Platte – Geiss

Ausgangspunkt: Gsteigwiler (647 m) beim Ausgang der Lütschinentäler. Bus [Linie 300.80] von Interlaken West über Wilderswil.
Endpunkt: Schynige Platte (1967 m); vgl. Tour 24.
Gehzeit: Gsteigwiler – Schynige Platte – Geiss 4½ Std.

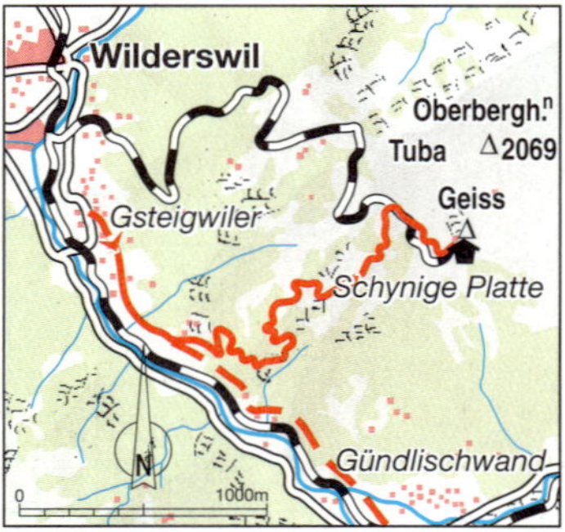

Höhenunterschied: Aufstieg 1420 m, Abstieg 100 m.
Anforderungen: Für einigermaßen konditionsstarke, trittsichere, orientierungserfahrene Wanderer. Der Pfad ist spärlich markiert und außerhalb des Waldes teils überwachsen. Als Abstieg ist die Route nicht geeignet.
Beste Jahreszeit: Am schönsten Ende Juni/Anfang Juli, wenn viele Alpenblumen blühen. Nur bei trockener Witterung.
Einkehr und Unterkunft: Hotel Schynige Platte (✆ 033/8223431).
Sehenswertes: Aufstieg durch fast alle Vegetationsstufen. Aufschlußreicher Alpengarten. Gewaltiges Panorama.
Karte: 254 T Interlaken; 1228 Lauterbrunnen.
Variante: Vom Bahnhof Zweilütschinen auf dem Wanderweg rechts der Lütschine bis zur Abzweigung beim Rufibach; 15 Min. mehr als von Gsteigwiler.
Tip: Im Sommer Sonnenaufgangsfahrten.
Anschlußtouren: 9, 24.

Seit 1893 fährt eine Zahnradbahn von Wilderswil auf die Schynige Platte, den vielgerühmten Aussichtspunkt hoch über dem Zusammenfluß der Lütschinentäler. Für die 1400 Höhen- und 7257 Schienenmeter braucht die Bahn heute 50 Minuten. Zwischen der Bergstation und der auf der Landeskarte namenlosen Geiss, einem der drei Gipfel der Schynigen Platte, liegt ein Alpengarten; auf 8323 m2 Fläche gedeihen 500 verschiedene Blütenplanzen und Farne. Wer die Alpenblumen in ihrer wilden Umgebung bewundern möchte, wählt den wenig begangenen Pfad von Gsteigweiler über die jähe Südwestseite auf die Schynige Platte.
Von der Busendstation in **Gsteigwiler** auf einer Straße taleinwärts bis jenseits des Rufigrabe, wo bei einem Grillplatz ein breiter Weg abzweigt. Auf ihm sachte ansteigen; 250 m nach der Kurve im Wald zweigt rechts der Bergbauernpfad ab. Er zieht, eine Felsstufe überwindend, nach Under und Ober **Bürgle** (1104 m); bei der Wegverzweigung beim Riedgrabe links. Vorbei an Hütten zickzackt der Pfad weiter über Magerwiesen und durch Wald zur

obersten Hütte von **Scharte** (etwa 1400 m). Nun ostwärts zu einer Felsstufe, die der schmale Pfad ausgesetzt überwindet. In einen südseitigen, steilen Graben queren und darin zu den Alpweiden von **Bigelti** hinauf. Wir müssen nicht ganz zu den Alpgebäuden hinübergehen, sondern steigen direkt zum offiziellen Wanderweg hoch. Auf diesem zum Hotel **Schynige Platte** (etwa 1980 m). Bevor wir hier den Durst löschen, gehen wir noch schnell auf die **Geiss**.

Blumenparadies Schynige Platte: Türkenbund am Rande eines einsamen Pfades.

24 Schynige Platte – Faulhorn, 2680 m – First

Nicht nur der Weg, auch drei Gipfel sind das Ziel

Schynige Platte – Tuba – Oberberghorn – Egg – Männdlenen – Faulhorn – Bachsee – First

Talort: Wilderswil (584 m); Bahn [Linie 311/312] von Interlaken Ost.
Ausgangspunkt: Schynige Platte (1967 m); Zahnradbahn [314] von Wilderswil; in Betrieb von Juni bis Oktober.
Endpunkt: First (2167 m); mit Gondelbahn (Ende Mai bis Ende Oktober) nach Grindelwald (1034 m); von dort Bahn [312] nach Interlaken Ost.
Gehzeiten: Schynige Platte – Oberberghorn 1 Std., Oberberghorn – Egg 1 Std., Egg – Männdlenen 45 Min., Männdlenen – Faulhorn 1¼ Std., Faulhorn – First 1½ Std.; Gesamtgehzeit 5½ Std.
Höhenunterschied: Aufstieg rund 800 m, Abstieg rund 600 m.
Anforderungen: Der direkte Höhenweg zum Faulhorn ist leicht, aber steinig. Der sehr lohnende (Um-)Weg über Tuba und Oberberghorn ist z.T. schmal und etwas ausgesetzt; Trittsicherheit erforderlich.
Beste Jahreszeit: Juni bis Oktober.
Einkehr: Bergrestaurant First.
Unterkunft: Schynige Platte; vgl. Tour 23. Berghaus Weberhütte, 26 Plätze, bewirtschaftet im Sommer und Herbst (✆ 033/8534464). Faulhorn; vgl. Tour 26.
Sehenswertes: Der Tiefblick auf Interlaken. Der Anblick der Berner Hochalpen.
Karte: 254 T Interlaken; 1228 Lauterbrunnen, 1229 Grindelwald.
Variante: Ohne Tuba und Oberberghorn direkt Richtung Loucherhorn (lohnt sich nur bei Mondschein).
Anschlußtouren: 23, 25, 26, 27, 28, 29.
Tip: Mondscheinwanderung, zwei- bis dreimal jährlich. Auskunft: Bahnen der Jungfrau-Region, Reisedienst, 3800 Interlaken, ✆ 033/8287233; Auskunft über Durchführung einer geplanten Wanderung ✆ 033/8287351.

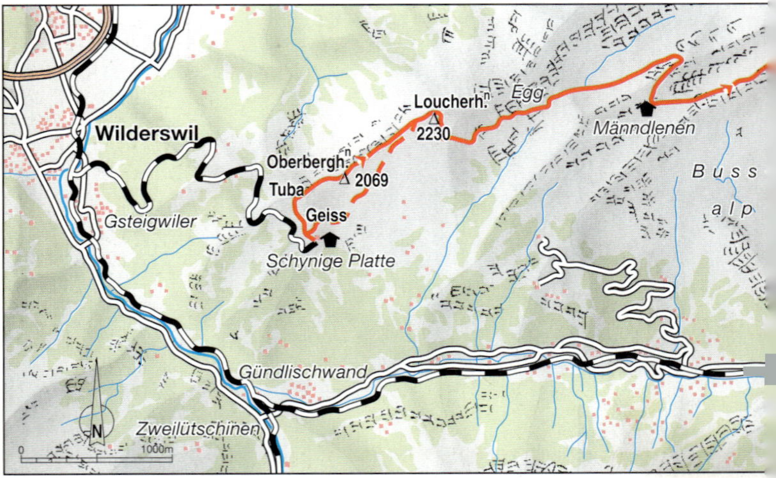

Abstecher vom Panoramaweg: Holzleiter auf das Oberberghorn.

Ein First-Class-Trip für jedermann: Ganze Heerscharen wandern die sechs Stunden vom Alpengarten zum ältesten Berghotel von Grindelwald und am Bachsee entlang nach First. Noch unvergeßlicher wird das Erlebnis auf dieser beliebten Wanderung bei Mondschein. Zwei- bis dreimal pro Sommer klettert die Zahnradbahn spät abends auf die Schynige Platte hoch, voll mit Wanderern, die nur ein Ziel vor Augen haben: den Sonnenaufgang auf dem Faulhorn (vgl. Tour 26). Wer dagegen tagsüber unterwegs ist, sollte von der Schynigen Platte unbedingt den Panoramaweg zu den beiden Aussichtsgipfeln Tuba und Obergberghorn einschlagen.

Inbegriff des Oberlandes: Bachsee mit dem Hochgebirge von Grindelwald – Schreck-, Finsteraar-, Klein und Groß Fiescherhorn (von links).

Von der Endstation **Schynige Platte** zum Hotel und auf dem Panoramaweg, westlich unter dem Turm des Gumihorns vorbei, auf die **Tuba** (2076 m). Über den luftigen Grat in eine Einsattelung hinab. Kurz danach zweigt vom Panoramaweg links ein Steig ab, der steil, zuoberst über einige Leitern, das **Oberberghorn** (2069 m) erklimmt. Zurück auf den Weg und flach um das Oberberghorn herum. Der Weg folgt weiter dem Kamm, zwischen Alpweiden

rechts und dem Abgrund links. Kurz vor der Einmündung in den eigentlichen Höhenweg zum Faulhorn hilft eine Leiter über eine Felsstufe hinab. Der Weg umrundet das Loucherhorn in den Übergang **Egg** (2125 m). Nun geht es steinig nördlich um die jäh aufragenden Sägishörner in den Übergang **Männdlenen** (2344 m), wo die **Weberhütte** liegt. Durch die geröllbedeckte Nordseite der Winteregg auf einen Grat und weiter ostwärts über eine Schulter auf das **Faulhorn**. Über die Südseite in einen weiten Sattel, durch eine Talmulde zum **Bachsee** (2265 m) und weiter nach **First**.

25 Faulhorn, 2680 m, im Winter

Wer den Schlitten mitnimmt, saust vom Berghotel 15 km hinunter

First – Faulhorn – Bussalp – Grindelwald

Talort: Grindelwald (1034 m); vgl. Tour 24.
Ausgangspunkt: First (2167 m), Bergstation der Gondelbahn; vgl. Tour 24.
Endpunkt: Grindelwald oder Bussalp (1800 m); Bus [Linie 312.15] nach Grindelwald, fährt von Mitte Dezember bis Mitte April.
Gehzeiten: Aufstieg 2 Std., Abstieg 3½ Std. zu Fuß, mit dem Schlitten je nach Schneeunterlage und Steuerkünsten weniger lang; Gesamtgehzeit 5½ Std.
Höhenunterschied: Aufstieg 510 m, Abstieg/Abfahrt 1650 m.
Anforderungen: Leicht; 2,5 m breiter, gepflügter, mit grünen Stangen markierter Weg zum Faulhorn und über die Bussalp hinab nach Grindelwald.
Ausrüstung: Schlitten (kann in den Sportgeschäften von Grindelwald gemietet werden).
Beste Jahreszeit: Dezember bis März; bei ungünstigen Schnee- und Witterungsverhältnissen ist der Winterwanderweg gesperrt (Auskunft ✆ 033/8535650). Natürlich auch ohne Schnee möglich und lohnend.
Einkehr: Auf First, Faulhorn und Bussalp.
Unterkunft: Berghaus Bort (1565 m), Zwischenstation der First-Gondelbahn ✆ 033/8531762; Berghaus First ✆ 033/8531284.
Sehenswertes: Eine der erhabensten alpinen Kulissen in Weiß.
Karte: 254 T Interlaken; 1229 Grindelwald.
Variante: Von Bussalp in 2 Std. auf dem klassischen Winterwanderweg (bekannt auch als Höhenweg 1600) zur Zwischenstation Bort.
Anschlußtouren: Im Sommer 24, 26, 27, 28, 29.
Tip: Prospekt über die 80 km Winterwanderwege im Verkehrsbüro Grindelwald.

Schlittenspaß vor dem Wetterhorn: Gepfadete Winterwanderwege sind im Kommen.

Bei schönem Wetter im Winter wieder offen: Berghotel auf dem Faulhorn.

Die Zeitschrift »Winter im Bernerland« meldete am 14. März 1903, »daß mitten im Winter auf dem Faulhorn eine vorher nicht angekündigte Gesellschaft von über 50 berghungerigen Gästen ohne Mühe und zu vollster Zufriedenheit bewirtet wurde«. Seit dem Winter 1991/92 ist dies wieder möglich, nachdem das Berggasthaus jahrzehntelang während der kalten Jahreszeit geschlossen blieb. Nun rodeln die Winterwanderer nach dem Essen kilometerweit in die schattige Tiefe.

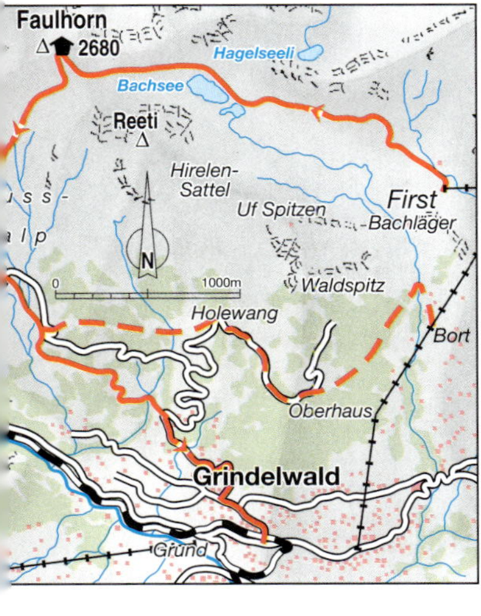

Von der **Bergstation First** entlang der Oberjochpiste, bis der Winterwanderweg westwärts abbiegt und über den Bachsee und den Gassenboden das **Faulhorn** erreicht. Zurück auf den Gassenboden und über die Südhänge zur **Bussalp**. Von hier entweder auf dem speziell ausgeschilderten Schlittelweg weiter oder auf dem Winterwanderweg, welcher der Straße folgt, die auch die Bussalp-Busse benützen. Beide Wege vereinigen sich bei P. 1242 m und führen bis zum Terrassenweg. Auf einem der Fußwege hinab zum Bahnhof **Grindelwald**.

26 Faulhorn, 2680 m

Vom Berghotel zum Grandhotel, vom berühmten Panorama zu berühmten Wasserfällen

Faulhorn – Bonerenweng – Plangäu – Giessbach(fälle)

Talort: Wilderswil (584 m) bzw. Grindelwald (1034 m); vgl. Tour 24.
Ausgangspunkt: Faulhorn (2680 m); vgl. Tour 24.
Endpunkt: Schiffsstation Giessbach (566 m); vgl. Tour 6.
Gehzeiten: Faulhorn – Plangäu 2¼ Std., Plangäu – Giessbach 2¼ Std.; Gesamtgehzeit 4½ Std.
Höhenunterschied: Abstieg 2110 m.
Anforderungen: Markierte Wege. Über die Fulegg und durch die Giessbachschlucht Trittsicherheit nötig.
Beste Jahreszeit: Juni bis Oktober.
Einkehr und Unterkunft: Berghotel Faulhorn, 18 Betten und 80 Lager, an Wochenenden häufig voll, offen von Juni bis Oktober, ✆ 033/8532713. Grandhotel Giessbach; vgl. Tour 6.
Sehenswertes: Seit der Eröffnung des Berghotels auf dem Faulhorn 1832 vielbestaunter Sonnenaufgang; auch Königin Wilhelmine von Holland genoß das Schauspiel.
Karte: 254 T Interlaken; 1209 Brienz, 1229 Grindelwald.
Anschlußtouren: 6, 24, 25.
Anmerkung: Badesachen mitnehmen; der Brienzersee kühlt die überhitzten Beine.

»Lueg, wie schön!« sagte auf dem Helikopter-Landeplatz auf dem Faulhorn-Gipfel ein älterer Innerschweizer, eine qualmende Zigarre im Mund, in der Hand einen selbstgeschnitzten Bergstock. Schön ist es tatsächlich, wenn sich die rote, noch nicht ganz runde Scheibe hinter den fernen, grauen Bergen abzuzeichnen beginnt. Schon bald huschen die Sonnenstrahlen von den hohen Spitzen hinab zum Faulhorn. »Jetzt wird's warm«, hauchte einer. Wenn auch nicht auf der Haut, so dann im Herz. Dem Texter im Bildband »Saumpfade – Traumpfade« ging ob solcher Schönheit der Mund über: »Einmalig die schier greifbar nahe und doch entrückt, in die Ewigkeit ragende Dreigestalt von Eiger, Mönch und Jungfrau. Es

Müde Beine unten am Brienzersee: Blick zurück von der Schiffsstation Giessbach.

ist, als hätte uns ein allmächtiger Weltregisseur die besten Balkonplätze in diesem Naturtheater beschert.« Nach soviel Pathos verabschieden wir uns vom Faulhorn und steigen nordwärts zum Brienzersee hinab.

Vom **Faulhorn** westwärts hinab auf ein Bödeli. Über die Fulegg hinunter auf den Sattel **Bonerenweng** (2282 m) und rechts weiter bergab. Über die Alpweiden der Hübschenmatten und durch die Karstrinnen der Bättenalp nach **Gstepf** (1881 m). Nordwärts auf dem alten Alpweg nach **Plangäu** (1654 m), von wo eine Straße nach Iseltwald führt. Durch den Plangäugraben abwärts bis zur Hütte bei P. 1310 m und nordwärts meistens durch Wald und über die Lichtungen P. 1298 m und Uti auf die **Schweibenalp**. Durch die Giessbachschlucht hinunter zum **Grandhotel Giessbach** (666 m), zuerst links, dann rechts der Wasserfälle. Zuletzt zu Fuß oder mit der altehrwürdigen Drahtseilbahn zur **Schiffsstation** am Brienzersee.

27 Reeti, 2757 m

Eigentlich steht das Faulhorn im Schatten des Reeti

Grindelwald – Holewang – Hireleni-Sattel – Reeti – Bachsee – Waldspitz – Grindelwald

Ausgangs- und Endpunkt: Grindelwald (1034 m); vgl. Tour 20.
Gehzeiten: Aufstieg 5½ Std., Abstieg 4 Std.; Gesamtgehzeit 9½ Std.
Höhenunterschied: Auf- und Abstieg je 1720 m.
Anforderungen: Trittsicherheit und Schwindelfreiheit in jedem Fall erforderlich; für die Route von und nach Grindelwald auch eine gehörige Portion Kondition. Die obersten 350 Höhenmeter sind steil und recht ausgesetzt; dort unmarkierter Pfad.

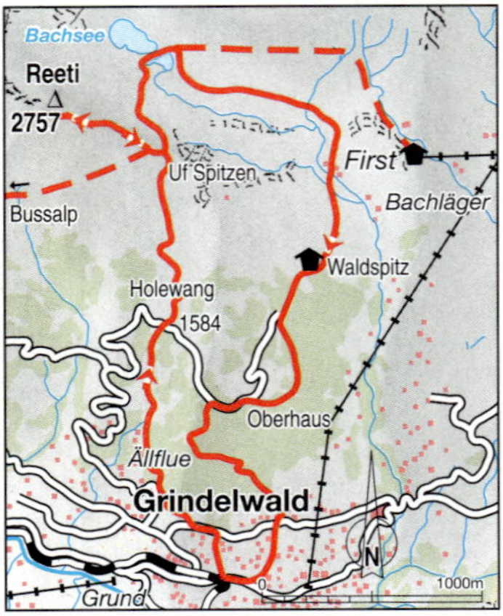

Beste Jahreszeit: Juni bis Oktober.
Einkehr: Restaurant Ällflue.
Unterkunft: Berghaus Waldspitz, 30 Betten, ✆ 033/8531861.
Sehenswertes: Grindelwald abseits von Bergbahnen und fast abseits von (Güter-) Straßen – eine Entdeckung, welche die Anstrengung für diesen erstrangigen Aussichtsgipfel wert ist.
Karte: 254 T Interlaken; 1229 Grindelwald.
Variante: Als Abstecher des Höhenwegs 2200 von der Gondelbahn-Bergstation First (2167 m) zur Postauto-Endstation Bussalp (1807 m): 5 Std., Aufstieg 600 m, Abstieg 950 m.
Anschlußtouren: 20, 24, 25.
Tip: Bei der An- oder Rückfahrt mit der Bahn auf der nördlichen Seite sitzen – der Blick durchs Fenster aufs Reeti setzt entmutigende oder stolze Gefühle frei. Und: im Bergsteigerzentrum Grindelwald als Tagestour buchbar, ✆ 033/8535200.

Das Reeti liegt im Schatten des Faulhorns, was die Besucherfrequenz betrifft. Hinsichtlich Höhe und Lage steht aber das Rötihorn (so der frühere Name) dem Faulhorn vor der Sonne. Nur gibt es auf dem Bruchgesteinsgipfel gut 1700 Meter direkt oberhalb des Bahnhofs Grindelwald kein klassisches Berghotel wie auf dem Faulhorn, und nur ein schmaler Pfad führt auf die ausgesetzte Spitze.

Vom Bahnhof **Grindelwald** westwärts auf der Straße Richtung Bussalp, dann rechts auf Wanderweg hinauf zum Terrassenweg. Dieser Straße links kurz folgen, dann rechts ein Sträßchen nehmen, das zu einer Wanderwegkreuzung (P. 1165 m) hinaufführt. Nun beginnt der direkte Aufstieg zum Hireleni-Sattel. Der markierte Weg zieht anfänglich in muldenförmigen Waldlichtungen, später über offene Hänge nordwärts an den Alpsiedlungen **Holewang**

Pyramiden am Horizont: Wetter- und Schreckhorn (rechts) vom Reeti-Südostgrat. Der Grasgipfel im Vordergrund ist der Uf Spitzen.

(1582 m), Spillmatten und Flesch vorbei und erreicht schließlich den **Hireleni-Sattel** (etwa 2350 m). Der schmale Pfad folgt mehr oder weniger der Schneide des Südostgrats, umgeht aber den Vorgipfel rechts im Geröll. Vom folgenden Sattel mit der Pfadspur über schuttbedeckte Platten rechts des Grats auf den Gipfel des **Reeti**.

Abstieg zurück in den **Hireleni-Sattel**. Nordwärts zu den **Bachseen** (2265 m), talaus- und abwärts nach Bachläger und auf dem Fahrweg nach **Waldspitz** (1903 m). Kurz weiter dem Fahrweg entlang, dann linkshaltend auf dem Wanderweg hinab gegen Nothalten. Kurz bevor wir zum zweiten Mal auf die Straße treffen, in 1660 m Höhe, am Ende der Steigung, befindet sich rechts des Weges der auf der Karte nicht eingezeichnete Choleweiher. Westwärts auf dem Fahrweg nach **Uf Nothalten**.

Unterhalb des unteren Seeleins, bei P. 1675 m, findet sich der Weg, der im Wald durch das Strahlgässli zum Restaurant **Ällflue** (1429 m) hinabführt. Südostwärts gelangen wir durch Wald zu den obersten Häusern von Grindelwald. Schließlich auf dem Weg von Oberhaus zum Bahnhof von **Grindelwald**.

28 Blau Gletscherli, 2704 m

Die Rückseite von Grindelwald: still, steinig und wunderschön

First – Hagelseeli – Hiendertellti – Häxeseeli – Wart – Hornseeli – Große Scheidegg

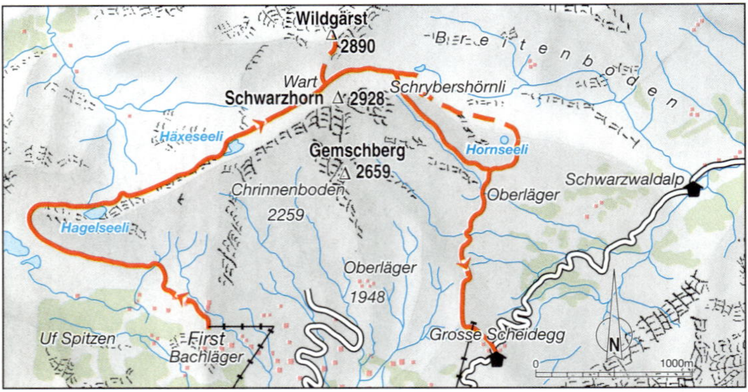

Talort: Grindelwald (1034 m); vgl. Tour 24.
Ausgangspunkt: First (2167 m), Bergstation der Gondelbahn; vgl. Tour 24.
Endpunkt: Große Scheidegg (1962 m); Postauto nach Grindelwald oder Meiringen; vgl. Tour 30.
Gehzeiten: First – Hagelseeli 1½ Std., Hagelseeli – Wart 1½ Std., Wart – Hornseeli 1¼ Std., Hornseeli – Große Scheidegg 45 Min.; Gesamtgehzeit 5 Std.
Höhenunterschied: Aufstieg rund 900 m, Abstieg rund 1100 m.
Anforderungen: Bergwanderung auf wenig begangenen, größtenteils markierten, aber manchmal kaum vorhandenen Pfaden. Orientierungsvermögen nötig. Bei Nebel heikel.
Beste Jahreszeit: Juli bis Oktober.
Einkehr/Unterkunft: First: vgl. Tour 25; Große Scheidegg: vgl. Tour 30.
Sehenswertes: Eisige Berge als Kulisse, Eisberge in schattigen Seen.
Karte: 254 T Interlaken; 1209 Brienz, 1229 Grindelwald.
Variante: Erfahrene, schwindelfreie Bergwanderer erklimmen weglos von Norden das Schrybershörnli (2517 m); zuoberst einige Felsen. Danach südostwärts einem Abbruch folgen und den felsigen Querriegel östlich P. 2402 m linkshaltend über ausgesetzte Grasbänder überwinden. Über Grashänge direkt zum Hornseeli hinab.
Anschlußtouren: 24, 25, 29, 30.
Tip: Gipfelstürmer steigen von Wart in knapp 30 Min. auf den Wildgärst (2890 m).

Blau Gletscherli: ein vielversprechender Name, der die Erwartungen kaum einlöst – ein schuttbedecktes Firnfeld, welches das Treibhausklima der neunziger Jahre knapp überlebt hat. Eisige Zeiten herrschen trotzdem auf dieser Wanderung auf der schattigen Außenseite des Talkessels von Grindelwald: Die beiden Karseen Hagelseeli und Häxeseeli sind bis weit in den Sommer

Firn und Fels: das frisch verschneite Blau Gletscherli mit Engelhörnern.

hinein halb zugefroren. Sie tragen zusammen mit dem düsteren Schwarzhorn dazu bei, daß die Landschaft im Hiendertellti, im Hühnertal, an die Rocky Mountains erinnert. Und dann biegt man um die Ecke, und gegenüber bestimmen wieder Wetter- und Schreckhörner die Szenerie. Wer sie im Spiegelbild sehen will, macht auf dieser einsamen Seenrundwanderung den Abstecher zum Hornseeli.

Von **First** auf dem Trampelpfad Richtung Faulhorn bis zu einer Verzweigung kurz vor dem Bachsee. Rechts auf Pfad zu kleinem See und durch ein Tälchen hinauf in einen Sattel (etwa 2420 m). Auf der andern Seite sinkt der Pfad zum **Hagelseeli** (2339 m) ab, steigt auf eine Rippe hinauf und fällt ins **Hiendertellti** ab. Darin zum **Häxeseeli** (2464 m) und über Geländerücken hinauf in den Übergang **Wart** (2704 m) zwischen Schwarzhorn und Wildgärst. Pfadspuren umgehen das kümmerliche **Blau Gletscherli** auf der nördlichen Seite über Schutthänge. Hinab in die Mulde unter dem Schrybershörnli. Der schlechte Pfad steigt steil entlang dem Geissbach ins Tal von Wischbäch ab. Wo das Gelände flach wird (auf etwa 2000 m) links weglos zum Wanderweg hinüberhalten, der von der Alp Oberläger heraufkommt. Auf ihm in einem Einschnitt zum **Hornseeli** (2147 m) hinauf. Abstieg nach **Oberläger** (1950 m). Auf dem Fahrweg über **Gratschärem** (2006 m) auf die **Große Scheidegg** (1962 m).

29 Schwarzhorn, 2927 m

Höchster Balkonplatz für die Bewunderung des Eisgebirges von Grindelwald

(Grindelwald) – First – Klettersteig – Schwarzhorn – Große Scheidegg

Talort: Grindelwald (1034 m); vgl. Tour 24.
Ausgangspunkt: First (2167 m), Bergstation der Gondelbahn; vgl. Tour 24.
Endpunkt: Große Scheidegg (1962 m); Postauto nach Grindelwald oder Meiringen; vgl. Tour 30.
Gehzeiten: Aufstieg 3 Std., Abstieg 2¼ Std.; Gesamtgehzeit 5¼ Std.
Höhenunterschied: Aufstieg 850 m, Abstieg 1050 m.
Anforderungen: Nur für geübte Bergwanderer; markierter, aber im oberen Bereich teilweise ausgesetzter und steiler Pfad. Klettersteig eigentlich nur mit entsprechender Ausrüstung (Brustgürtel, Karabiner, Seilstück, Helm).
Beste Jahreszeit: Juni bis Oktober.
Einkehr/Unterkunft: First.: vgl. Tour 25; Große Scheidegg: vgl. Tour 30.
Karte: 254 T Interlaken; 1209 Brienz, 1229 Grindelwald.
Tip: Jeden Montag und Mittwoch geführte Klettersteigtour mit Bergsteigerzentrum Grindelwald (Ausrüstungsverleih), ✆ 033/8535200.
Anschlußtouren: 24, 28, 30.

Gehört seit 1996 zum alpinen Spielplatz von Grindelwald: der leichte Klettersteig aufs Schwarzhorn.

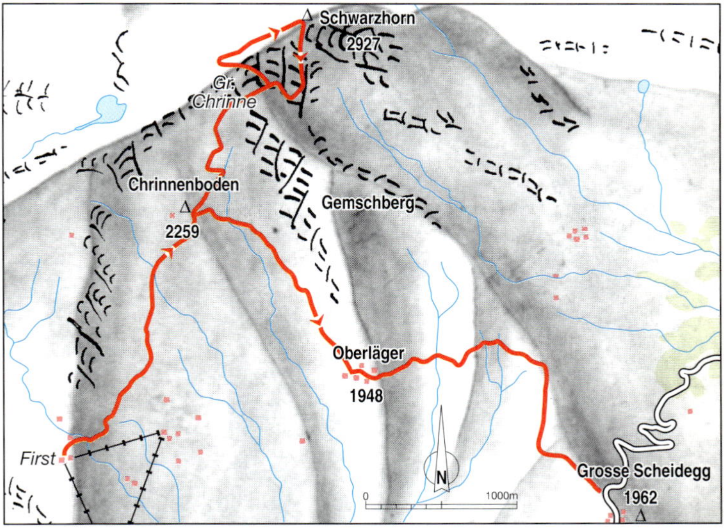

Der höchste Gipfel im Norden von Grindelwald ist das Schwarzhorn. 73 Meter fehlen ihm zum Dreitausender. Nichts fehlt ihm zu einem der ganz großen Wandergipfel. Leicht zu besteigen jedoch ist er nicht; wer nicht trittsicher ist, kann im steilen Schlußabschnitt schon leicht ins Trudeln geraten. Ganz besonders gilt dies für den im Sommer 1996 erbauten Klettersteig über den Südwestgrat: Schon beim Aufstieg zur Großen Chrine (2635 m) am Fuß des Südwestgrates helfen Drahtseile und -stifte über die Schrofen hinauf. Drei Metalleitern zu je 30 Sprossen überwinden die senkrechten Aufschwünge; Drahtseile sichern weitere Abschnitte des insgesamt als leicht einzustufenden Steiges. Zuletzt führt ein Schuttweglein zum höchsten Aussichtspunkt.

Von der **Bergstation First** kurz abwärts und auf dem oberen Höhenweg Richtung Große Scheidegg. Auf dem Distelboden links abzweigen und hinauf auf den **Chrinnenboden**. Auf dem Pfad durch die Südwestflanke des Schwarzhorns ansteigen, bis links der weiß-blau-weiß markierte Klettersteig abzweigt. In die Scharte **Grossi Chrinne** (2635 m) und über den versicherten Südwestgrat hoch aufs **Schwarzhorn**. Abstieg über den streckenweise schmalen und felsigen Südgrat auf eine breite Schulter. Nordwärts in die Südwestflanke zur Aufstiegsroute und hinab auf den **Chrinnenboden**. Nun auf dem Weg östlich des Schilt-Kammes direkt bis oberhalb der Alp Oberläger. Wo man den Höhenweg trifft, folgt man ihm über den Sattel Gratschärem auf die **Große Scheidegg**.

Haslital: Saumwege und Stauseen

»Ich sage Ihnen nichts von jenem fürchterlichem Weg, der in dem festen Granit, aus dem alle diese Berge bestehen, über einem abscheulichen Abgrund eingehauen ist, und die Helleblatte genannt wird. Als wir über dieselbe gingen, begegnete uns eine grosse Menge von Lastpferden und Mauleseln, die mit ihrem Gepäcke die ganze Breite der Strasse so einnahmen, daß es unmöglich gewesen wäre, neben denselben weiter zu gehen«, hielt Jakob Samuel Wyttenbach in seinem 1777 erschienenen Bericht »Reise durch die Alpen und das Wallisland« fest, die er im Sommer 1771 unternommen hatte und die ihn durch das Haslital und über den Grimselpaß ins Rhônetal führte.

Mehr als 200 Jahre nach Wyttenbach, der 1777 auch den ersten (Wander-)Führer fürs Berner Oberland publiziert hat (vgl. Tour 18), sitzen wir im Postautokurs Meiringen–Grimselpaß–Oberwald; die Plätze hatten wir telefonisch reserviert. »Da vorne ist der Sonnenlochtunnel, der mit Sonnenenergie beleuchtet wird«, sagt der Fahrer, als wir am untersten Stausee der Kraftwerke Oberhasli KWO, dem Räterichsbodensee, entlangfahren. »Oberhalb des Tunneleingangs seht Ihr den Hochspannungsmasten, und links davon die Solarzellen.« Die Kraft aus der Sonne, der Strom aus dem gestauten, dann niederschießenden Wasser, dazu der Rauch aus den Automotoren, und unter der herben Granitlandschaft des Haslitals die Erdgasleitung Holland–Italien. Touristen, die über diese trotz aller Betonmauern, Seilbahnmasten und Hochspannungsleitungen grandios wirkenden Natur staunen, und Radfahrer, die dem Wallis entgegenkeuchen. Wie einst jahrhundertelang die Säumerkolonnen, die Hartkäse (Sbrinz) und Vieh vom Berner Oberland und von der Innerschweiz über Grimsel- und Griespaß ins Piemont brachten, um Wein und Reis zurückzubringen. Nur Schokolade exportierten die Säumer nicht, die mit der Eröffnung der Gotthardbahn 1882 arbeitslos wurden.

Eine »Schoggitaleraktion« gibt es in der Schweiz alljährlich seit 1946: Die goldenen Taler, gefüllt mit echter Schweizer Schokolade, sichern der Nachwelt eine intakte Landschaft. Ohne diese vom Schweizer Heimatschutz und vom Schweizerischen Bund für Naturschutz lancierten Spendenaktionen wäre zum Beispiel die Oberengadiner Seenlandschaft überbaut worden. Die »Schoggitaler« von 1993 halfen, vergessene und vom endgültigen Zerfall bedrohte Brücken und Wege der Öffentlichkeit wieder zugänglich zu machen. Ausgewählt wurden die Objekte vom »Inventar historischer Verkehrswege der Schweiz« (IVS), darunter der Saumpfad über die Grimsel. Der alte Saumweg blieb an mehreren Stellen gut erhalten, zum Beispiel zwischen Handegg und Räterichsboden, wo sich die Hälenplatte (Tour 34) befindet. Zwischen Innertkirchen und Guttannen geriet der Saumweg jedoch teilweise in Vergessenheit. »Der Schoggitaler-Verkauf soll nun dazu beitragen, dieses alte Teilstück wieder herzustellen und als Wanderweg zu reaktivieren«, heißt

es im IVS-Bulletin 2/93. Die Eröffnung fand im Sommer 1995 statt, und damit ist das Haslital um einen sehr interessanten (Wander-)Weg reicher (Tour 33). Anschließend wurde der ganze Grimsel-Saumweg von Meiringen bis Oberwald instandgesetzt, soweit ihn Straßen und Kraftwerke nicht vollständig zum Verschwinden gebracht haben.
Ein anderer historischer Weg führt über die Große Scheidegg (Tour 30), zu Wyttenbachs Zeiten ein Muß für Oberland-Touristen wie heute die Aareschlucht (Tour 31). Geschichtsträchtig ist ebenfalls der Unteraargletscher. Einer der Ersten, der diese Gegend aufgesucht hatte, ist im Jahre 1827 der Solothurner Forscher Franz Josef Hugi (vgl. Tour 16) gewesen; an ihn erinnert der Hugisattel am höchsten Gipfel der Berner Alpen, dem Finsteraarhorn (4273 m) sowie das Hugihorn im Gebirgsstock, der den Lauteraar- vom Finsteraargletscher teilt. »Ich rathe jedem, auf den Lauteraar-Gletscher zu steigen, der Interesse für die Natur in den höchsten Gebirgen hat«, schrieb Johann Gottfried Ebel in seiner 1793 erstmals erschienenen »Anleitung auf die nützlichste und genußvollste Art in der Schweitz zu reisen«. Dieser Ratschlag war am Ende des 20. Jhd. dringender denn je. Die KWO wollten nämlich die gigantische Staumauer Grimsel-West bauen. Damit jedoch wäre ihr Aufruf, der als Metalltafel beim Tunnel auf dem Lauteraarhüttenweg (Tour 36) hängt, vollends zur betonharten Lüge zementiert worden: »Die Umgebung des Grimselstausees ist durch Regierungsratsbeschluss vom 24. April 1934 als Naturdenkmal unter Schutz gestellt. Schonet Pflanzen und Tiere!«

Stufen für Säumer und heute für Wanderer: Hälenplatte am Grimselpaß.

30 Große Scheidegg, 1962 m

Klassische Paßwanderung, seit 1995 wieder durchwegs fußgängergerecht

Meiringen – Reichenbachfälle – Rosenlaui – Schwarzwaldalp – Große Scheidegg – Stepfihubel – Grindelwald

Ausgangspunkt: Meiringen (595 m); vgl. Tour 32.
Endpunkt: Grindelwald (1034 m); vgl. Tour 20.
Gehzeiten: Meiringen – Rosenlaui 3 Std., Rosenlaui – Schwarzwaldalp 30 Min., Schwarzwaldalp – Große Scheidegg 1¾ Std., Große Scheidegg – Grindelwald 2½ Std.; Gesamtgehzeit 7¾ Std.
Höhenunterschied: Aufstieg 1370 m, Abstieg 930.
Anforderungen: Leicht, lang, markiert.
Beste Jahreszeit: Mai bis November.
Einkehr und Unterkunft: In Meiringen und Grindelwald. Gasthaus Zwirgi (✆ 033/9711422). Gasthaus Kaltenbrunnen-Säge (✆ 033/9711908 oder 9716371). Hotel Rosenlaui (✆ 033/9712912). Berghotel Schwarzwaldalp (✆ 033/9713515). Berghotel Große Scheidegg (✆ 033/8536716).
Sehenswertes: Käsespeicher im Rosenlauital; einer der ältesten datiert von 1637.
Karte: 254 T Interlaken, 255 T Sustenpass; 1209 Brienz, 1210 Innertkirchen, 1229 Grindelwald.
Varianten: Postautoverbindung [470.65/312.20] Meiringen–Grindelwald, mit Umsteigen auf Schwarzwaldalp (fährt Juni bis Oktober). Abstieg über Hotel Wetterhorn.
Anschlußtouren: 20–22, 28, 29, 31, 32, 45.
Tip: Gletscherschlucht Rosenlaui, offen Juni bis Oktober, Rundgang von 45 Min.

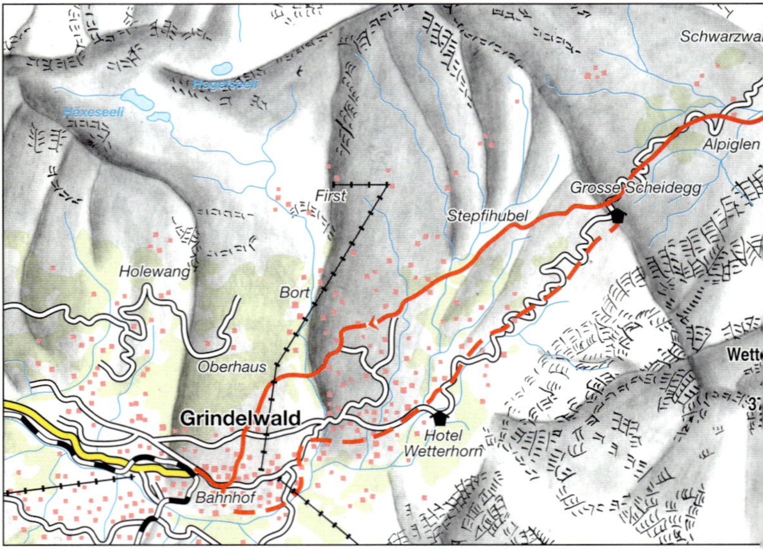

»Die Reise über diesen Berg ist sehr intressant, weil man beständig in der Nähe der hohen, nackten Felsspitzen bleibt, mehrere Gletscher und fast immer prächtige Lawinen fallen sieht, und hört. Der Weg ist ohne die mindeste Gefahr, denn es geht immer über Alpen.« So beschrieb der gebürtige Deutsche und Wahlschweizer Johann Gottfried Ebel im Reiseführer »Anleitung auf die nützlichste und genussvollste Art in der Schweitz zu reisen« von 1793 die damals bereits sehr in Mode gekommene Überquerung der Großen Scheidegg (meistens allerdings von Grindelwald nach Meiringen, obwohl die umgekehrte Richtung dramatischere Ansichten von Wetterhorn und Eiger bietet). Der erste komplette Reiseführer für die Schweiz erlebte mehrere Auflagen, und er ist heute noch lesenswert. Denn mit wenigen Strichen skizziert Ebel Charakter und Wegbeschaffenheit einer Wanderung (früher gingen die Touristen ja noch zu Fuß!). Was er über die Große Scheidegg sagte, stimmt seit 1995 wieder: Die Wanderer sind auf ihrer Route nicht mehr durch vorbeifahrende Autos gefährdet, wie dies lange Zeit zwischen Willigen und Schwarzwaldalp der Fall war.

Vom Bahnhof **Meiringen** wie Tour 32 am Reichenbachfall vorbei oder auf dem alten Scheideggweg nach **Zwirgi** (983 m). Auf dem 1995 eröffneten Wanderweg, der neben der Straße verläuft, über Kaltenbrunnen-Säge (1223 m, ohne Namen auf der Karte) nach **Gschwantenmad** (1303 m). Auf dem 1994 eingeweihten Teilstück nach **Rosenlaui** (1328 m). Hinauf zum Eingang der Gletscherschlucht und südlich der Paßstraße auf neu erstelltem Wanderweg auf die **Schwarzwaldalp** (1454 m). Vom Berghotel wieder über den Reichenbach zurück und talaufwärts über Teiffenmatten nach Alpiglen. Der Wanderweg führt, die Straße mehrmals kreuzend, direkt hinauf auf die **Große Scheidegg**. Westwärts hinab zum **Stepfihubel**, der Schlucht des Bärgelbachs entlang und diese schließlich durchqueren. Den Horbach überschreiten. Über P. 1458,5 m, Schwarzigenhiisren, Hohstand und Oberhaus nach **Grindelwald**, wo möglich geteerte Straßen vermeidend.

Bestimmt die Szenerie auf der zweiten Weghälfte: Eiger mit Mittellegigrat (links).

Im Profil: Scheidegg-Wetterhorn.

31 Dossenhütte, 2663 m

Grollende Gletscher, grimmige Wände, gleißende Firne, gewagte Pfade

(Meiringen) – Rosenlaui – Dossenhütte – Urbachtal – Innertkirchen

Talort: Meiringen (595 m); vgl. Tour 32.
Ausgangspunkt: Hotel Rosenlaui (1328 m) oder Gletscherschlucht (ca. 1360 m); Postauto [Linie 470.65] von Meiringen.
Endpunkt: Innertkirchen (625 m); vgl. Tour 33.
Gehzeiten: Rosenlaui – Dossenhütte 5 Std., Dossenhütte – Urbachtal (Mürvorsees) 3½ Std., Urbachtal – Innertkirchen 1 Std.; Gesamtgehzeit 9½ Std.

Alpine Route: Nur für Schwindelfreie.

Höhenunterschied: Aufstieg 1340 m, Abstieg 2040 m.
Anforderungen: Für wirklich trittsichere, schwindelfreie Bergwanderer; Weg aus dem Rosenlauital teils klettersteigähnlich. Als alpine Route weiß-blau-weiß markiert.
Beste Jahreszeit: Juli bis September. Im Herbst manchmal Militär im Urbachtal.
Einkehr und Unterkunft: Hotel Rosenlaui; vgl. Tour 30. Dossenhütte SAC, 55 Plätze, immer offen, bewirtschaftet von Juni bis September, ✆ 033/9714494. Hotels in Innertkirchen.
Sehenswertes: Die wie zwischen Erde und Himmel an einem Grat klebende Hütte. Die Engelhörner, die ins Urbachtal abbrechen.
Karte: 254 T Interlaken, 255 T Sustenpass; 1210 Innertkirchen, 1229 Grindelwald, 1230 Guttannen.
Anschlußtouren: 30, 32, 33, 38, 41.

»Der Weg von hier in das Urbachtal ist der steilste und ermüdenste Geisspfad, den ich kenne«, hielt Edouard Desor in seinem 1847 auf deutsch erschienenen Buch »Agassiz' und seiner Freunde geologische Alpenreisen in der Schweiz, Savoyen und Piemont« fest, in dem er unter anderem die Besteigung des Dossenhorns (3138 m) im Sommer 1843 beschreibt. »Wenn es gilt, eine steile Spitze hinabzuklimmen, so findet man alle Hindernisse in der Ordnung und denkt einzig daran, sie zu überwinden; allein sobald es heißt, man finde da einen Weg, so gibt man weniger Acht und kann dadurch die größte Gefahr laufen.« Was hätte Desor, Erstbesteiger des Lauteraarhorns, des Rosenhorns und des Ewigschneehorns, wohl geschrieben, wenn er den noch schwierigeren Weg aus dem Rosenlauital zur Dossenhütte (die es damals natürlich noch nicht gab) gekannt hätte?

Vom Hotel **Rosenlaui** zum Eingang der Gletscherschlucht. Rechts daran vorbei, später auf einer Brücke die Schlucht überschreiten und bis 1680 m aufsteigen (gemeinsam mit dem Weg zur Engelhornhütte). Rechts abbiegen und auf schmalem Weg südwärts zum auffälligen Moränenkamm und über diesen zu einer brüchigen Steilstufe. Eisenstifte, Drahtseile und Leitern helfen hinauf auf eine Geröllterrasse (bei Nässe heikel); weiter nach links zum

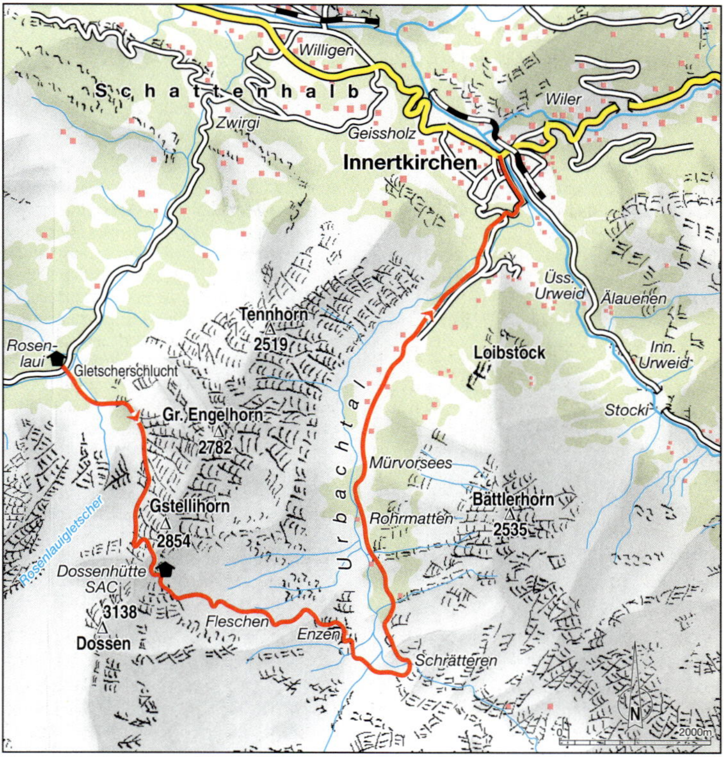

Rosenlauibiwak (nur in der Skitourensaison geöffnet). Oberhalb davon über eine zweite Felsstufe ausgesetzt zum Verbindungsgrat Gstellihorn–Dossen und über diesen zur **Dossenhütte**. Von der Hütte südwärts in eine oft firngefüllte Mulde und ost-, dann südostwärts über Geröll, Gras und Felsschrofen hinunter nach Fleschen. An Ruinen von Alphütten vorbei auf eine Schulter (P. 1879 m). Steil auf dem teilweise von dichter Vegetation begrenzten Pfad über die Alp Enzen (1677 m) hinab, bis man rechtshaltend zum Gaulihüttenweg hinüberhält, wobei einige Wildbäche gequert werden müssen. Dieser gute Weg wird oberhalb Schrätteren erreicht. Auf der rechten Talseite nach **Mürvorsess** (880 m), wo die Straße durchs **Urbachtal** beginnt. Auf ihr 3,5 km, bis in der Steilstufe ausgangs des Tals rechts der Wanderweg abzweigt. Auf diesem nach **Innertkirchen**.

32 Reichenbachfall und Aareschlucht

Auf den Spuren von Sherlock Holmes

Meiringen – Reichenbachfall – Zwirgi – Geissholz – Aareschlucht – Innertkirchen

Ausgangspunkt: Meiringen (595 m) an der Bahnlinie Interlaken–Luzern [470].
Endpunkt: Innertkirchen (625 m); vgl. Tour 33.
Gehzeiten: Meiringen – Zwirgi und Zwirgi – Aareschlucht – Innertkirchen je 1½ Std.; Gesamtgehzeit 3 Std.
Höhenunterschied: Aufstieg 150 m, Abstieg 350 m.
Anforderungen: Keine.

Beste Jahreszeit: April bis Oktober (Öffnungszeit der Aareschlucht). Reichenbachfall-Seilbahn in Betrieb von Mitte Mai bis Mitte September. Am schönsten im Mai und Juni, zur Zeit der Schneeschmelze. Im Herbst und Winter verläuft der Reichenbachfall im Berginnern, um Kraftwerksturbinen anzutreiben.
Einkehr: Zwirgi, Lammi sowie West- und Osteingang der Aareschlucht.
Unterkunft: Hotels und Jugendherberge in Meiringen und Innertkirchen.
Sehenswertes: Die Kraft des Wassers.
Varianten: Von der Kirchet-Straße mehr oder weniger der vielbefahrenen Straße entlang zum Osteingang der Aareschlucht und zurück nach Meiringen.
Karte: 255 T Sustenpass; 1210 Innertkirchen.
Anschlußtouren: 30, 31, 33, 38, 41.
Tip: Sherlock Holmes Museum in Meiringen mit Nachbildung seines Wohnzimmers (offen Mai-September Di–Do 13.30–18 Uhr, Oktober–April Mi–So 15–18 Uhr).

Im Reichenbachfall ob Meiringen verlor der englische Meisterdetektiv Sherlock Holmes am 4. Mai 1891 sein Leben, als er an schwindelerregender Stelle Professor Moriarty, den König der Londoner Unterwelt, endlich gestellt hatte. Die Leser konnten den Tod ihres Helden in der Kriminalstory »The Final Problem« nicht hinnehmen, weshalb Conan Doyle seine Figur wiederbeleben mußte. Ein Stern an der Felswald neben dem niederschießenden Wasser kennzeichnet die Stelle, wo Sherlock Holmes und sein Gegner den Halt verloren. Ob der »größte Detektiv der Welt« (so eine Inschrift bei der Talstation der Reichenbachfallbahn) auch in der nahen Aareschlucht nach gefährlichen Verbrechern Ausschau hielt, ist leider nicht überliefert. Die Szenerie wäre für einen Krimi durchaus brauchbar. Über kühn an die senkrechten Wände gebaute Stege dringen die Touristen seit 1888 in die 1400 m lange und 200 m tiefe Schlucht vor.
Vom Bahnhof **Meiringen** durchs Dorf und hinab zur Aare. Kurz nach der Brücke rechts zur Talstation; mit der Drahtseilbahn zum **Reichenbachfall**

hinauf. Fährt die Bahn nicht mehr, so benützt man den Wanderweg auf die Große Scheidegg, der in Willigen von der Hauptstraße abzweigt; er führt östlich des Reichenbachs nach Zwirgi hinauf, wobei auf der Höhe des Wasserfalls ein Stichweg zu einem Aussichtspunkt führt. Von der Bergstation (843 m) durch den Kessel hinauf, in den der oberste Reichenbachfall 75 m hinunterstürzt (weiter unten rauschen noch zwei kleinere Fälle). Oben wird der Reichenbach überschritten, und man kommt nach **Zwirgi** (983 m). Unterhalb des Gasthauses beginnt der Wanderweg zum Weiler **Geissholz**. Nordwärts zur vielbefahrenen Straße über den Kirchet-Paß; man erreicht sie bei Lammiboden P. 694 m. Nordwestwärts durch Wald hinab zur Aare, die man beim Sandsteg erreicht. Auf der Straße nach rechts zum Westeingang der **Aareschlucht**. Durch die Schlucht; vom Osteingang kurz steil hinab zum Aareufer und flußaufwärts nach **Innertkirchen**.

Könnte auch ein Schauplatz für einen Krimi sein: Aareschlucht mit Steg.

33 Grimsel-Saumpfad

Auf dem 1995 eingeweihten, restaurierten Teilstück des alten Weges

Innertkirchen – Boden – Guttannen

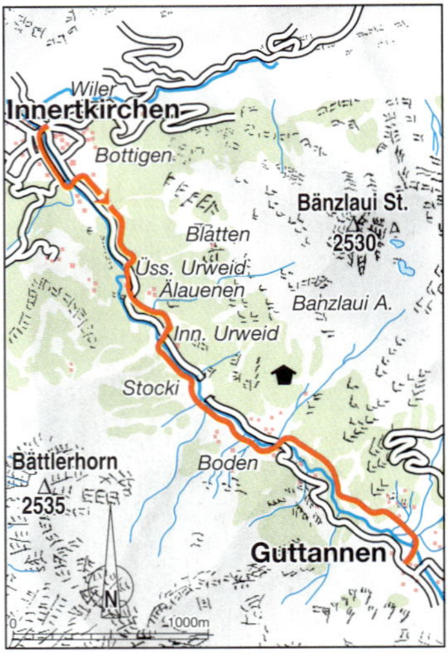

Ausgangspunkt: Innertkirchen (625 m); Postauto [Linien 470.70+71, 470.75+76] oder Schmalspurbahn [474] von Meiringen.
Endpunkt: Guttannen (1050 m). Postauto [470.75+76] nach Meiringen.
Gehzeit: 2¼ Std.
Höhenunterschied: Aufstieg rund 450 m.
Anforderungen: Keine.
Beste Jahreszeit: Juni bis Oktober. Am schönsten im Frühsommer, bevor die Paßstraße geöffnet wird.
Unterkunft: Hotels in Innertkirchen. Hotel Urweid auf Inneri Urweid (✆ 033/9712682). Hotels Adler (✆ 033/9731323) und Bären (✆ 033/9731261) in Guttannen.
Sehenswertes: Vier Weggenerationen: mittelalterliche Saumpfadtrasse, Kunststraße von 1870, moderne Paßstraße mit Tunnels, neuer Normwanderweg, der die Saumpfadabschnitte miteinander verbindet.
Karte: 255 T Sustenpass; 1210 Innertkirchen, 1230 Guttannen.
Varianten: Meiringen – Aareschlucht – Innertkirchen; 1 Std.; Tour 32.
Hinweis: Es besteht Felssturzgefahr im Bereich Üssere Urweid; Warnanlage. Picknick vermeiden.
Anschlußtouren: 31, 32, 34, 38, 41.

Der Föhn hat schon oft Schutzwald niedergewalzt und Feuersbrünste verursacht, wie 1723 und 1803. Schneelawinen schneiden fast regelmäßig im Winter das Dorf Guttannen von der Außenwelt ab. Blechlawinen wälzen sich an Sommerwochenenden durch die oberste Siedlung im Haslital. Die meisten der 400 Einwohner arbeiten bei den Kraftwerken Oberhasli: Natur und Technik bestimmen wie sonst kaum im Berner Oberland die Geschicke der mit mehr als 200 Quadratkilometern größten Gemeinde des Kantons Berns. Wie beide eine harmonische Verbindung eingehen können, ist auf dem alten, 1995 in der Zubenlamm neu eingeweihten Saumpfad zwischen Innertkirchen und Guttannen zu erleben.

Von der Aarebrücke in **Innertkirchen** am westlichen Ufer der Aare talaufwärts; über zwei Brücken hinüber zur Zentrale der Kraftwerke Oberhasli KWO (hier befindet sich die Endstation der Schmalspurbahn). Links der Straße, direkt oder etwas abseits davon, auf die Üssere Urweid, wo die

Straße überquert wird. Der restaurierte Saumweg mit Trockenmauern führt durch Wiese und Wald zur Paßstraße hinauf. Man folgt ihr, bis die Wanderroute wieder abseits davon verläuft. Schließlich über die Straße und auf schön wiederhergestelltem Weg über den sogenannten Zuben, teilweise fast senkrecht über der modernen Straße. Schließlich hinab zur Inneren Urweid. Beim ehemaligen, 1791 erbauten Gasthaus überquert man auf der 1995 wiederaufgebauten Brücke die Aare. Hinauf zum Engpaß Stocki, wo der Weg 1774 (Inschrift an der Wand!) aus den Felsen gesprengt wurde. Durch Alpweiden nach **Boden**. Von hier führte der erste Grimsel-Saumpfad auf der gleichen Talseite über Ägerstein nach Guttannen; dieses Teilstück ist jedoch noch nicht wiederhergestellt. Ein jüngerer Saumweg (heutige Wanderroute) wechselt in Boden die Talseite und bringt die Wanderer über Flesch und Blindlaui zum Ortsteil Sunnsyten von **Guttannen**. Gasthäuser und Postautohaltestelle befinden sich auf der Schattseite des Dorfes.

Zwischen Üsseren Urweid und Zubenlamm: wiederhergestellter Saumpfad.

34 Grimselpaß, 2164 m

Auf den Spuren der Säumer und Dichter vom Oberhasli ins Obergoms

Guttannen – Handegg – Hospiz – Paßhöhe – Obergesteln

Ausgangspunkt: Guttannen (1050 m); vgl. Tour 33. Von Ende Juni bis Ende September Postauto [Linie 470.75] zwischen Meiringen und Oberwald.
Endpunkt: Obergesteln (1354 m) an der Bahnlinie [610] Brig–Oberwald–Furka–Andermatt/Göschenen.
Gehzeiten: Guttannen – Handegg 1½ Std., Handegg – Hospiz 2¼ Std., Hospiz – Paßhöhe 45 Min., Paßhöhe – Obergesteln 2½ Std.; Gesamtgehzeit 7 Std.
Höhenunterschied: Aufstieg 1160 m, Abstieg 850 m.
Anforderungen: Leicht, aber lang; markiert.
Beste Jahreszeit: Juni bis Oktober.
Einkehr und Unterkunft: Guttannen; vgl. Tour 33. Hotel Handeck (✆ 033/9826611). Hotel Grimsel Hospiz ✆ 033/9826621). Grimselpaß; vgl. Tour 35. In Obergesteln: Hotel Grimsel (027/9731156).
Sehenswertes: Kulturlandschaft Grimsel: Saumweg, alte und heutige Paßstraße, Staumauern, Stromleitungen, Bohrhakenlinien der Kletterer.
Karte: 255 T Sustenpass, 265 T Nufenenpass; 1230 Guttannen, 1250 Ulrichen.
Variante: Dank Postauto nur Teilstück(e) machen.
Anschlußtouren: 33, 35, 36, 37, 38, 39; sowie Rother Wanderführer Oberwallis.
Anmerkung: Wer sich für die Grimsel und die Fortsetzung über den Griespaß nach Italien interessiert – Dominik Siegrist: Pässespaziergang. Wandern auf alten Wegen zwischen Uri und Piemont, Rotpunkt-Verlag, Zürich.

Kraftwerkarbeiter: Denkmal in Handegg.

»Von Guttannen wird der Weg immer wilder, öder, einförmiger. Man hat immer gleich rauhe, traurige Felsen zu beiden Seiten. Zuweilen erblickt man Gipfel, die mit Schnee bedeckt sind. Der Boden, der ebener ist und zuweilen ein Thal bildet, ist völlig mit ungeheuern Granitblökken übersäet. Die Aar macht einige prächtige Wasserfälle. Ueber einen derselben ist eine kühne Brücke gesprengt, auf der man von Staub ganz befeuchtet wird.« Soweit ein Auszug aus dem »Reisetagebuch durch die Berner Oberalpen« des deutschen Philosophen Friedrich Hegel, der im Sommer 1796 als 26jähriger eine zehntägige Fußwanderung durch das Berner Oberland und das Urner Reusstal unternahm. Seit die Aare größtenteils in Röhren

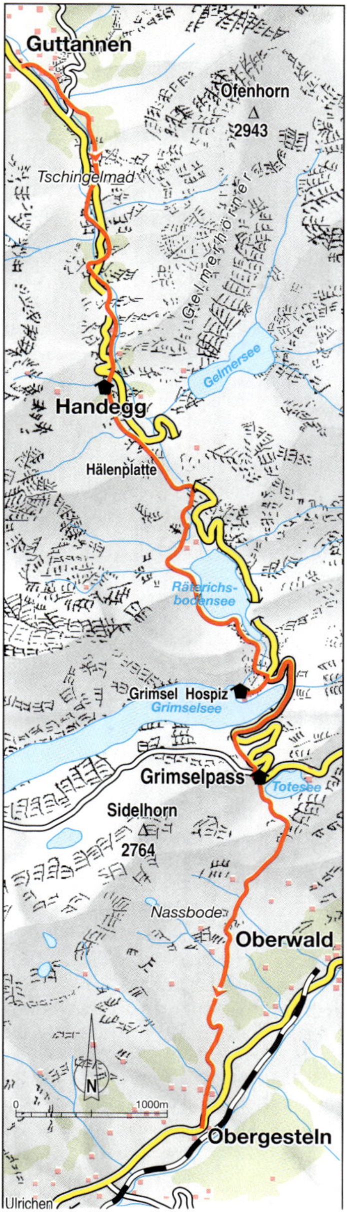

fließt, bildet sie keine prächtigen Wasserfälle mehr. Trotzdem lohnt sich die Saumpfadwanderung von Guttannen nach Obergesteln, früher eine Tagesetappe der Säumer auf dem Weg nach Italien.

In **Guttannen** über die Aare und auf der Ostseite des Haslitals auf Sträßchen und Fußwegen taleinwärts. Bei Tschingelmad erreicht man die Paßstraße. Dieser entlang auf der Wanderroute zur Kraftwerkzentrale Handegg und hinauf zum Hotel **Handegg** (1401 m). Nun beginnt der spektakulärste Abschnitt des Grimsel-Saumpfades. Am riesigen Säumerstein vorbei zur Hälenplatte mit 16 in den glatten Granit gehauenen Stufen und Inschrift des Gletscherforschers Agassiz. Weiter auf dem gut erhaltenen Saumweg über das kleine und große Bögelisbrüggli zum **Räterichsbodensee**. Der neue, in Platten gesprengte Weg zieht sich dem Stausee entlang. Durch eine Talverengung zur Paßstraße; diese nach der ersten Haarnadelkurve verlassen und direkt steil hinauf zur Zufahrtsstraße zum neuen **Grimsel Hospiz** (1962 m); das historische versank in den Fluten des Stausees. Zurück auf die Autostraße; darauf bis zur ersten Haarnadelkurve und auf dem Saumpfad zum **Grimselpaß** hinauf. Westlich am Totensee vorbei. Der Saumpfad geht durch die gletschergeformte Landschaft über P. 2205 nach Nassbode und sinkt schräg in den Sonnenhängen von Grimsle, eine Alperschließungsstraße kreuzend und benützend, ins Dorf **Obergesteln** hinab.

35 Sidelhorn, 2764 m

Eckpunkt der Berner Alpen und Mahnmal zwischen Haslital und Goms

Grimselpaß – Husegghütte – Sidelhorn

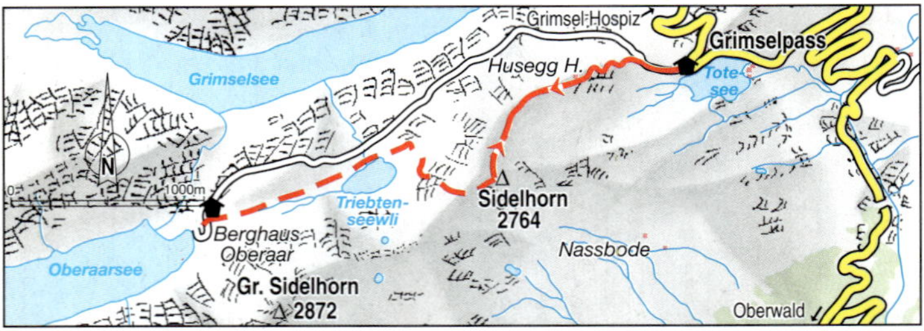

Ausgangs- und Endpunkt: Grimsel, Paßhöhe (2164 m); vgl. Tour 34.
Gehzeiten: Aufstieg 1¾ Std., Abstieg 1¼ Std.; Gesamtgehzeit 3 Std.
Höhenunterschied: 600 m.
Anforderungen: Leichte Bergwanderung; markierter, oft steiniger Weg, im obersten Teil durch Blockwerk.
Beste Jahreszeit: Juli bis Oktober.
Einkehr und Unterkunft: Hotel Grimsel Paßhöhe, günstige Massenlager (✆ 033/9731137), Grimsel-Blick (✆ 033/9731177), Alpenrösli (✆ 033/9731291). Berghaus Oberaar (✆ 033/9826631).
Sehenswertes: Berge und Täler, Gletscher und Geröll, Straßen und Stauseen.
Karte: 265 T Nufenenpass; 1250 Ulrichen.
Varianten: Über den Südwestgrat in eine Lücke, in der Nordseite hinab zum Triebtenseewli und durch ein Tälchen zum Berghaus Oberaar (2338 m); zurück zum Grimselpaß per Autostopp.
Anschlußtouren: 34; sowie Rother Wanderführer Oberwallis.
Infos: Grimselverein, Postfach, CH-3860 Meiringen; Feuer in den Alpen, Postfach 669, CH-3900 Brig, ✆ 027/9236162; »Inns Obergoms«, CH-3985 Münster.

»Wandert in der Schweiz solang es sie noch gibt« titelte Jürg Frischknecht 1987 sein »Wanderbuch für 35 Lokaltermine«. Einer von ihnen ist das Sidelhorn, östlichster Eckpunkt der Berner Alpen auf der Kantonsgrenze Bern–Wallis. Zwei Gründe machen aus dem leicht erreichbaren Aussichtsberg einen wirtschaftspolitischen Gipfel. Erstens gibt es da ein Projekt skrupelloser Tourismusplaner, das Sidelhorn vom Goms aus mit Seilbahnen und Skiliften zu erschließen. Und zweitens planten nicht minder profitsüchtige Kraftwerksingenieure, in den bestehenden Grimselstausee eine riesige Staumauer (Grimsel West) zu bauen, womit die einmalige Landschaft des Unteraargletschers zerstört worden wäre. Deshalb findet alle Jahre, jeweils am zweiten Augustsonntag, das Grimselfest statt, gleichzeitig mit den Mahnfeuern, die dann auf dem Sidelhorn und sonst in den Alpen brennen, zu deren Schutz vor weiterer Zerstörung.
Vom Westrand des **Grimselpasses** auf der Straße Richtung Oberaar, bis links der Wanderweg abzweigt. Er windet sich zwischen Granitplatten und

Gebetsfahnen in gefährdeter Landschaft: Feier auf dem Sidelhorn.

Grasbändern zur geschlossenen **Husegghütte** hinauf, erreicht einen Rükken und folgt diesem zum Gipfelhang, der aus Blockwerk besteht. Darin steil hinauf zum höchsten Punkt des **Sidelhorns**. Abstieg wie Aufstieg.

36 Lauteraarhütte, 2392 m

Widersprüchliche Faszination von Natur und Technik im größten bernischen Naturschutzgebiet

Grimsel Hospiz – Grimselsee – Unteraargletscher – Lauteraarhütte

Talort: Guttannen (1050 m); vgl. Tour 34.
Ausgangs- und Endpunkt: Grimsel Hospiz (1962 m) etwas westlich der Grimselpaßstraße; vgl. Tour 34.
Gehzeiten: Hinweg 4 Std., Rückweg 3½ Std.; Gesamtgehzeit 7½ Std.
Höhenunterschied: 500 m zwischen Seespiegel und Hütte (nach der Karte).
Anforderungen: Wenig bis ziemlich schwierige Bergwanderung, welche Kondition, Trittsicherheit und etwas Orientierungsvermögen verlangt. Guter, wenn auch teils schmaler und etwas ausgesetzter Weg entlang dem Grimselsee. Auf dem Unteraargletscher kein Weg, höchstens Wegspuren im mühsam zu begehenden Geröll; vereinzelte Spalten, die aber gut erkennbar sind. Route durchgehend markiert; auf dem weglosen Unteraargletscher kann man bei schlechter Sicht aber trotzdem vom richtigen Weg abkommen.
Beste Jahreszeit: Juli bis September (Betriebszeit des Postautos).
Einkehr und Unterkunft: Hotel Grimsel Hospiz; vgl. Tour 34. Lauteraarhütte SAC, 50 Plätze, immer offen, bewirtschaftet Juli bis September, ✆ 033/9731110.
Sehenswertes: Die stark gekrümmte Spitellammstaumauer, die sonnigen Granitplatten mit Sportkletterern, der hochalpine Fjord des künstlichen Grimselsees, der Arvenwald, die vollständig mit Geröll bedeckte Zunge des Unteraargletschers, die in der letzten Abendsonne rötlich leuchtenden Gipfel von Scheuchzer- und Agassizhorn.
Karte: 255 T Sustenpass, 265 T Nufenenpass; 1230 Guttannen, 1250 Ulrichen.
Anschlußtour: 34.
Tip: Taschenlampe für Seetunnel. Daniel Anker: Finsteraarhorn. Die einsame Spitze, AS Verlag, Zürich. Paul Hertig: Wie die Berge zu ihren Namen kamen. Gemeinde Guttannen.

Das gigantische Stauseeprojekt Grimsel West bedrohte bis 1999 eine der schönsten Landschaften des Berner Oberlandes. Grund genug, um vom Grimsel Hospiz entlang dem heutigen Grimsel(stau)see zur Lauteraarhütte zu wandern. In ihrer Nähe hatten 1840-45 mutige Forscher und Bergsteiger das »Hôtel des Neuchâtelois«, eine sehr einfache Steinhütte, auf dem Unteraargletscher bewohnt. Wer sich zwei Tage Zeit nimmt, wird eine unvergeßliche Nacht mitten im Hochgebirge verbringen.

Kulturlandschaft der eigenen Art: Abstieg zur Spitellammstaumauer.

Vom großen Parkplatz vor dem Hotel **Grimsel Hospiz** über Treppen hinunter auf die Spitellammsperre. Über diese hinweg, dann auf einem gesicherten Weg rechts weitausholend zu einem unbeleuchteten Tunnel hinauf. Durch ihn hindurch und weiter dem teils schmalen, aber immer gut angelegten und sichtbaren Weg in stetigem Auf und Ab entlang dem nördlichen Ufer des **Grimselsees** bis an dessen Ende. Der nun steinige Pfad zieht sich auf einer Moräne rechts des geröll- und steinblockbedeckten **Unteraargletschers** vorbei, um diesen dann an geeigneter Stelle zu erreichen. Über die »Steinwüste« weglos den weiß-rot-weißen Markierungsstangen folgen, bis nach etwa 40 Minuten ein Wegweiser auf der Höhe von etwa 2040 m wieder zum Verlassen des Gletschers auffordert. Der Moränenpfad geht auf der Talseite anfänglich recht steil schräg aufwärts. Nach dem Überqueren eines ersten Baches führt der Weg bequem durch die Gras-Granit-Landschaft zur **Lauteraarhütte**.

Logenplatz: Lauteraarhütte mit Finsteraarhorn (hinten) und Agassizhorn rechts davon.

Erfrischung unterhalb der Lauteraarhütte: Natürlicher Bergbach mit Markierung.

37 Ofenhorn, 2943 m

Sehr anspruchsvolle Bergwanderung auf nicht überlaufenen Aussichtsberg

Chüenzentennlen – Gelmersee – Gelmerhütte – Obrists Diechter – Ofenhorn

Talort: Guttannen (1050 m) im Haslital.
Ausgangs- und Endpunkt: Chünzentennlen (1596 m) an der Grimselpaßstraße zwischen Handegg und Räterichsbodensee. Postauto [Linie 470.75] von Meiringen über Guttannen oder von Oberwald über den Grimselpaß; fährt von Ende Juni bis Ende September.

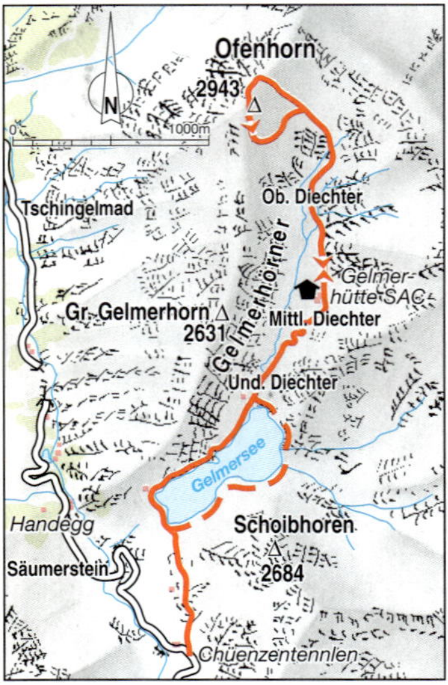

Gehzeiten: Chüenzentennlen – Gelmerhütte und Hütte – Ofenhorn je 3 Std., Gipfel – Hütte und Abstieg an Grimselstraße je 2 Std. Gesamtgehzeit 10 Std.
Höhenunterschied: Auf- und Abstieg je 1350 m.
Anforderungen: Es ist noch keine Hochtour, aber Orientierungsvermögen im weglosen Gelände und Vertrautheit mit leichten Kletterstellen sind nötig. Pickel vorteilhaft.
Beste Jahreszeit: Juli (dann erleichtern Firnfelder den Auf- und vor allem Abstieg im oberen Teil) bis September. Gefährlich, wenn Schnee auf dem Weg in den Plattenschüssen oberhalb des Gelmersees liegt.
Einkehr und Unterkunft: Hotels in Handegg und Grimsel Hospiz; vgl. Tour 34. Gelmerhütte SAC, 55 Plätze, immer offen, von Juli bis Oktober bewirtschaft, ✆ 033/ 9731180.
Sehenswertes: Schwindelerregende Tiefblicke ins Haslital.
Karte: 255 T Sustenpass; 1230 Guttannen.
Varianten: Nur bis Gelmersee (Schwierigkeit blau), nur bis Hütte (rot).
Anschlußtour: 34.

Das Ofenhorn liegt nördlich der Gelmerhörner, den einst vielbesuchten Kletterbergen auf der Ostseite der Berner Grimselpaßstraße. Die Überschreitung des Fastdreitausenders von Norden nach Süden ergibt mit oder ohne Übernachtung in der modern-heimeligen Gelmerhütte des Schweizer Alpen-Clubs eine Hochgebirgswanderung in einer halb gezähmten, halb ursprünglichen Urgesteinslandschaft, die zu den Urner Alpen zählt, aber noch zum Berner Oberland und zum Kanton Bern gehört.
Von **Chüenzentennlen** nordwärts auf dem markierten Weg zum Stockseewli und in der gleichen Richtung weiter zum **Gelmersee** (1849 m). Über die Staumauer und im teils aus den Felsen gesprengten Weg dem Nordufer

Fels und Firn: Diechterbach oberhalb des Gelmerstausees.

entlang. Weiter in nördlicher Richtung dem Weg über Geröllhänge bis zur **Gelmerhütte** (2412 m) folgen. Hinter der Hütte einen Geröllpfad einschlagen, der nordwärts leicht aufwärts zieht. Bei der ersten Haarnadelkurve die linke Abzweigung wählen, die abwärts auf die Schwemmebene (ca. 2390 m) von **Obrists Diechter** führt. Nun weglos entlang dem westlichen Arm des Diechterbaches aufsteigen. An einem Geröllsee vorbei und über Firnfelder und einige Felsblöcke gewinnt man einen mit 2822 m kotierten Sattel nordöstlich des Ofenhorns. Über den Nordostgrat zum Vorgipfel (P. 2934 m) hinauf, wobei Pfadspuren mit leichter Kletterei abwechseln. Ein rötlicher Steilaufschwung im ersten Drittel des Grats wird deutlich auf der Südseite umgangen. Vom Vorgipfel dem Grat entlang zum Hauptgipfel des **Ofenhorns**, der über einige Felsstufen direkt erklettert wird.
Zurück in den Sattel zwischen Haupt- und Vorgipfel. Westwärts über Felsblöcke auf ein Firnfeld hinab. In südlicher Richtung zum Übergang Üsseri Garwydilimi (2685 m). Nun ostwärts über flache Geröllhänge die Aufstiegsroute erreichen. Beim Abstieg von der Hütte kann auch der unmarkierte, teils unterbrochene Pfad auf dem Südufer des Gelmersees gewählt werden (schwieriger als Normalweg).

38 Wannisbordsee, 2103 m – Bänzlauialp

Einsame Alpen, natürliche Bergseen: Haslital fast wie einst

Guttannen – Holzhüs – Wannisbordsee – Bänzlauialp – Innertkirchen

Stimmungsvolle Moorebene Obers Hohmad: Wolkenloch für den Bänzlauistock.

Ausgangspunkt: Guttannen (1050 m); vgl. Tour 33.
Endpunkt: Innertkirchen (625 m); vgl. Tour 33.
Gehzeiten: Guttannen – Holzhüs 2½ Std., Holzhüs – Wannisbordsee 45 Min., Wannisbordsee – Bänzlauialp 1¼ Std., Bänzlauialp – Innertkirchen 3½ Std.; Gesamtgehzeit 8 Std.
Höhenunterschied: Aufstieg 1310 m, Abstieg 1740 m.
Anforderungen: Kondition, Trittsicherheit und Orientierungsvermögen; markierte Pfade, aber im obersten Teil teilweise undeutlich und nicht ganz leicht zu begehen.
Beste Jahreszeit: Juni bis Oktober.
Einkehr und Unterkunft: In Guttannen und Innertkirchen; vgl. Tour 33.
Sehenswertes: Ungezähmte Natur, gezackte Horizonte, kühne Steige.
Karte: 255 T Sustenpass; 1210 Innertkirchen, 1230 Guttannen.
Variante: Von Obers Homad nordwärts auf einer teilweise mit Steinmännern markierten Pfadspur zum Unteren Bänzlauiseeli (2177 m); seinem Bach entlang weglos über steile Grashänge direkt hinab auf die Bänzlauialp. Sehr erfahrene Bergwanderer können durch die abschüssige Südflanke noch den Bänzlauistock (2530 m) besteigen.
Anschlußtouren: 31, 32, 33, 34, 39, 41.
Tip: Badesachen einpacken.
Hinweis: Ab Älauenen neue Wegführung wegen Felssturzgefahr; akustische Warnanlage.

Wer ins eiskühle Naß springt und nachher am Ufer bleibt, hat recht: schön, wie der Wannisbordsee genau nach Süden ausgerichtet in einer Talsenke eingebettet liegt, wie sich westlich oberhalb des grünen Wassers Granitfelsen emportürmen und wie sich auf der anderen Talseite das mächtige, aber schlanke Dreieck des Ritzlihorns erhebt... Und doch muß man weiterwan-

dern, weil der Weg über die Bänzlauialp nach Innertkirchen ebenso eindrücklich ist. Nicht nur der Weg, sondern auch diese Alp, die Stunden vom Tal entfernt ist: ein Platz zum Verweilen.
Von der Postautohaltestelle in **Guttannen** hinab zur Aarebrücke (1050 m). Linkshaltend durch den Ortsteil Sunnsyten zu einer Weggabelung (P. 1053 m). Nordwärts auf dem Wanderweg zum Hostetbach, ihm entlang aufwärts und steil im Wald nach Wysstanni, wo die Alpstraße überquert wird. Nochmals steil auf dem markierten Fußweg hinauf, dann auf der Straße nach rechts. Kurz nach der Brücke (1665 m) über den Hostetbach zweigt links der Bergweg ab, der über die Untere Farlaui-Alp zur **Alp Holzhüs** (1931 m) hinaufleitet. Auf dem Weg nordwärts hoch und linkshaltend zum Abfluß des Wannisbordsees. Dem Bach entlang zum **Wannisbordsee** (2103 m). Wieder hinab auf den Höhenweg (etwa 2040 m) und auf dem nun schmäleren, schwieriger zu begehenden Pfad westwärts, zuletzt durch eine Rinne auf die Moorebene Obers Hohmad (bei P. 2126 m). Über diese bis zu einem Teich, wo die Wanderroute links abbiegt, durch die grasig-steinige Rinne nördlich von P. 2126 m bis 1900 m absinkt und dann nordwärts die steile Flanke zur **Bänzlauialp** (1844 m) quert. Durch die jähe Süd-, dann Westflanke des Bänzlauistocks führt der Alpweg mit einigen spürbaren Gegenanstiegen zur **Alp Blatten** (1615 m). Steil über Ahorni hinab gegen Älauenen. Wegen des drohenden Felssturzes unterhalb der Blattenalp folgt man einem Pfad entlang des Bachs südlich von Älauenen. Dieser Pfad mündet auf Zuben in den historischen Grimselsaumwerg. Wie Tour 33 nach **Innertkirchen**.

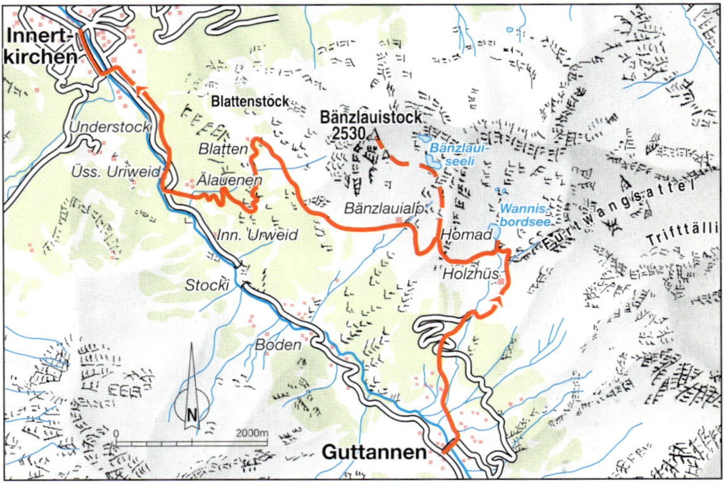

Gadmertal und Hasliberg: Almen und Zinnen

»Seit Menschengedenken thronen über dem Gadmertal die Felszinnen der Wendenstöcke.« So leitet der einheimische Extremkletterer Kaspar Ochsner seinen Text »Im Reich der steinernen Riesen« ein, der 1990 im Münchner »Bergsteiger« erschien und die Kletterei an den lotrechten Wänden zwischen Tällistock und Titlis beschreibt. Die Wendenstöcke stehen hoch über dem Gadmertal, das den Sustenpaß mit dem urnerischen Meiental verbindet. Nördlich von ihnen versteckt sich das Gental, aus dem über den Jochpaß das obwaldnerische Engelberg erreicht wird. Weiter westlich schließlich bildet der Brünigpaß die dritte Verbindung zwischen der Innerschweiz und dem Bezirk Oberhasli.

Oberhasli, Hasliberg, Haslital oder nur Hasli: In dieser Namensvielfalt zurechtzukommen scheint fast so schwierig wie im Routennetz der Klettergärten von Steingletscher am Sustenpaß. Das Oberhasli umfaßt politisch den ganzen Amtsbezirk, geographisch das Einzugsgebiet der Aare bis zur Aareschlucht, also insbesondere die beiden großen Täler Haslital und Gadmertal. Der Hasliberg seinerseits bildet die nordwestlichste Gemeinde im Oberhasli. Hier beherrschen nicht weiße Zinnen aus Kalk und Firn die Landschaft wie im Gadmertal, sondern grüne Almen, die ihrerseits aber wieder einen lieblichen Vordergrund für die eisigen Hochalpen abgeben. Schöne Aussichten für Wanderer also, zumal für sie in den letzten Jahren einige spektakuläre Wege eingeweiht worden sind.

Durch den Bau der Kunststraße von 1811 und der modernen Straße war der Saumweg auf der Berner Seite des Sustenpaßes teilweise zerfallen, überwachsen und deshalb nicht mehr begehbar. Nun ist es ein Erlebnis (Tour 41), auf dem schön gemachten Plattenweg abseits der lärmenden Autostraße zu wandern, durch die urwüchsige Natur neben tosenden Bächen. Ein Erlebnis auch deshalb, weil eine solche Erfahrung in den Alpen selten geworden ist. Wie selten, merkt man spätestens dort, wo das lebendige Steinwasser oberhalb von Gadmen durch eine Mauer gestoppt wird und in einem Stollen verschwindet. Übrig bleibt ein sterbendes Rinnsal.

Von wegen heile Welt im Gebirge! Auf Steingletscher verärgern die paar Heliskifahrer die zahlreichen, ebenfalls mit dem Auto angereisten Tourenskifahrer. Für Umsatz im Restaurant Steingletscher sorgt der benachbarte Gletscherlehrpfad. Im Mittelalter stritten sich die Sennen um die fetten Wiesen auf der Engstlen- und Tannalp, heute kommen sich Bauern, Touristen, Stromversorger und Soldaten im Gental (Tour 45) und Umgebung manchmal in die Quere. Alperschließungsstraßen erleichtern die Arbeit und erschweren das Wandererlebnis. Das Gentalwasser wird in Röhren gefaßt, um über Turbinen elektrische Energie zu produzieren. Das Militär bemächtigt sich in der Zwischensaison der Weiden und Geröllhalden. Es fehlt nur noch, daß das Eisenerz, das früher aus den Gruben bei Planplatten im Tagebau ge-

Gegensätze am Wanderweg: Wendenstöcke von Sitzbank unterhalb des Gadenlauisees.

wonnen wurde, immer noch durchs Gental zu den Hochöfen unten im Gadmertal transportiert würde. Auch die Medaille des Tourismus hat zwei Seiten. Das altehrwürdige Hotel auf der Engstlenalp bewundern wir, die Sessellifte der Skigebiete Melchsee und Planplatten (Touren 46, 47) weniger, benützen sie aber manchmal doch. Solche Widersprüche kümmern die Fischer nicht: Sie sitzen am Engstlensee und angeln kanadische Seeforellen. Auch nicht die Climber: Wer in den Wänden von Wenden klettert, hat keine Zeit mehr für andere Gedanken. Seit dem Sommer 1993 sind diese Wände auch erprobten Bergwanderern zugänglich: Der Klettersteig Tälli (Tour 42), der erste richtige Eisenweg der Schweiz, überwindet die lotrechte Mauer. Die Route hat Kaspar Ochsner festgelegt.

39 Furtwangsattel, 2568 m

Hüttentour zwischen Gadmer- und Haslital, zwischen Wildnis und Bedrohung

Furen – Trift – Windegghütten – Furtwangsattel – Holzhüs – Guttannen

Ausgangspunkt: Furen (1149 m) bei Gadmen; vgl. Tour 43.
Endpunkt: Guttannen (1050 m); Postauto nach Meiringen oder Oberwald [470.75+76].
Gehzeiten: Furen – Windegg 3½ Std., Windegg – Furtwangsattel 2 Std. Furtwangsattel – Holzhüs 1¼ Std., Holzhüs – Guttannen 1¾ Std.; Gesamtgehzeit 8½ Std.
Höhenunterschied: Aufstieg rund 1500 m, Abstieg rund 1600 m.
Anforderungen: Kondition, Trittsicherheit und Orientierungsvermögen nötig. Markierter, jedoch auf der Nordseite des Paßes gerölliger, teils unterbrochener Pfad.
Beste Jahreszeit: Juli bis September.
Einkehr: In Furen Restaurant und Lebensmittelladen.
Unterkunft: Windegghütten SAC, 12 + 36 Plätze, immer offen, von Juli bis September bewirtschaftet, ✆ 033/9751110. In Gadmen und Nessental; vgl. Tour 41. In Guttannen: vgl. Tour 33.
Sehenswertes: Die gemütlichen Windegghütten. Die schindelbedeckten Alphütten von Holzhüs. Das Trifttälli mit dem Tälliseeli.
Karte: 255 T Sustenpass; 1210 Innertkirchen, 1230 Guttannen.
Variante: Von Holzhüs in 5½ Std. über Wannisbordsee und Bänzlauialp nach Innertkirchen.
Anschlußtouren: 33, 34, 38, 40, 41, 42, 43.

»Weil auf der Grimsel ein neuer, 110 Meter höher gelegener Stausee Grimsel West geplant ist, würde auch die Hälfte der Fassungen in weitem Umkreis entsprechend höher gelegt. Gut, daß wir uns der Krake Grimsel West von einem ihrer vielen Tentakel her nähern«, lesen wir im Buch »Alpenglühn«, in dem die TransALPedes-Initianten ihren langen Marsch von Wien nach Nizza im Jahre 1992 dokumentieren. Eine der fast 100 Etappen der knapp 2000 Kilometer führte über den Furtwangsattel, den einzigen Wanderpaß im vergletscherten Dreieck zwischen den Straßenpässen Susten, Grimsel und Furka. Es ist eine Wanderung in eine scheinbar heile Umwelt, die vom angeblichen Fortschritt – hier dem Bau und Ausbau von Wasserkraftwerken

Aussicht vom Radlefshorn: Triftgletscherzunge, über dem die Windegghütten liegen.

– verändert wurde und wird. TransALPedes machte auf die Bedrohung des Alpenraumes aufmerksam: Wer »Alpenglühn« in der Abendsonne vor einer der Windegghütten liest, wird erleuchtet werden.

Von der Postautohaltestelle in **Furen** südwärts hinab zum Gadmerwasser, talauswärts gegen Schaftelen und auf dem markierten Weg steil hinauf nach Schaftellaui. Nun zieht der Weg auf der abschüssigen, rechten Talseite im Auf und Ab durch Gräben nach **Underi Trift** (1357 m); Bergstation einer Kraftwerkseilbahn. Taleinwärts das Triftwasser überschreiten. Auf der linken Talseite hinauf zum Bosslis Stein, wo sich der Weg gabelt; nach rechts geht es zu den **Windegghütten** (1887 m), die erst zuletzt sichtbar werden. Von da steigt der Weg südwärts auf die Windegg, folgt diesem Rücken und zieht flach ins Trifttälli hinein zum Tälliseeli (2267 m). Über Geröllhänge mühsam in den **Furtwangsattel** hinauf. Der Pfad sinkt sehr steil hinab zu einer Verzweigung (P. 2391 m). Der rechte Weg führt durchs Rindertal hinab und quert zur **Alp Holzhüs** (1931 m) hinüber; weiter auf Tour 38 nach **Guttannen**.

40 Gadenlauisee, 2155 m

Ein stiller Bergsee, in dem sich dolomitenähnliche Wände spiegeln

Gadmen – Hubel – Gadenlauisee – Hubel – Furen

Ausgangspunkt: Gadmen (1205 m); vgl. Tour 43.
Endpunkt: Furen (1149 m); vgl. Tour 43.
Gehzeiten: Aufstieg 3½ Std., Abstieg 2 Std.; Gesamtgehzeit 5½ Std.
Höhenunterschied: Auf- und Abstieg je rund 1000 m.
Anforderungen: Kurze, aber wegen der teilweise überwachsenen, mäßig markierten Pfade nicht leichte Bergwanderung.

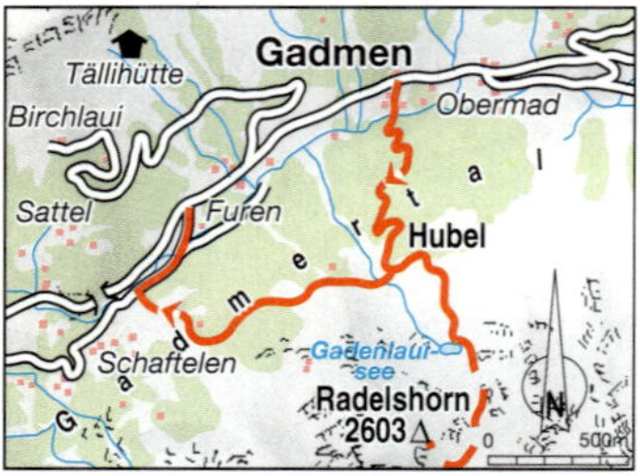

Beste Jahreszeit: Juli bis Oktober.
Einkehr: Restaurant und Lebensmittelladen in Furen.
Unterkunft: In Gadmen; vgl. Tour 41.
Sehenswertes: Das Weiß von Scheuchzers Wollgras und von Schafen. Das Grün der Moose, Farne und des Granits.
Karte: 255 T Sustenpass; 1210 Innertkirchen.
Variante: Vom Ostufer des See südwärts über Grasrippen auf Moräne und zuletzt über Firnhang in eine Lücke (2501 m). Kurzer Abstieg durch brüchige Rinne, Querung von Geröllhängen und durch die steile Südostflanke über Grasbänder auf das Radlefshorn (2603 m); 1½ Std. vom Gadenlauisee, nur für Berggänger.
Anschlußtouren: 39, 41, 42, 43.
Tip: Skistöcke erweisen sich auf den schmalen, farnbedeckten Pfaden als nützlich.

»Dieser herrliche Bergsee mit seinem klaren smaragdgrünen Spiegel, ungefähr 2100 m hoch gelegen, ist des Besuches wohl wert«, schwärmt Albert Hürner in seinem Buch »Wanderbilder aus dem Gadmertal« von 1910. Tatsächlich: Wenn sich die senkrechten Wände der Tällistock-Titlis-Kette im stillen Gadenlauisee spiegeln, so ist dies ein Anblick, der so prächtig ist wie zum Beispiel derjenige vom Bachsee mit dem Grindelwaldner Eisgebirge. Im Gadmertal wandern jedoch viel weniger Touristen, weshalb man die Heidelbeeren beim abenteuerlichen Abstieg nach Furen alleine genießt.
Von **Gadmen** südwärts durchs Dorf hinab zur Brücke übers Gadmerwasser und hinauf auf eine Forststraße. Auf dem Wanderweg, der teilweise einer neugebauten Güterstraße folgt und durch diese unterbrochen wird, in vielen Serpteninen durch den dunklen Farlauiwald hinauf zu den Alphütten von **Hubel** (1854 m). Der Pfad folgt einem Rücken über grasig-granitene Stufen südwärts zum **Gadenlauisee** hinauf. Auf dem gleichen Weg zurück nach **Hubel**, doch nun talauswärts auf dem Pfad durch dichte Vegetation dem Hang entlang absteigen. Durch den Schaftellauiwald zum Lawinenzug gleichen Namens und einem Bach entlang hinab zur Straße von Schaftelen nach **Furen**.

Spieglein, Spieglein an der Wand: Wendenstöcke mit Wandersfrau.

41 Sustenpaß, 2250 m

Dort wandern, wo alle fahren – auf alten und teils renovierten Saumwegen

Sustenpaß – Steingletscher – Gadmen – Furen – Nessental – Innertkirchen

Talort: Meiringen (595 m); vgl. Tour 32. Göschenen (1102 m) am Gotthard [600].
Ausgangspunkt: Paßhöhe Sustenpaß (2224 m); mit Postauto [470.70] von Meiringen über Innertkirchen oder von Göschenen über Wassen; Ende Juni bis Ende September; Information unter ✆ 033/8288828.
Endpunkt: Innertkirchen (625 m); vgl. Tour 33.
Gehzeiten: Sustenpaß – Steingletscher 45 Min., Steingletscher – Gadmen 2 Std., Gadmen – Nessental 1¼ Std., Nessental – Innertkirchen 1¼ Std.; Gesamtzeit 5¼ Std.
Höhenunterschied: Abstieg 1630 m.
Anforderungen: Leicht, eher lang, markiert; die Wanderung kann an mehreren Postautohaltestellen unterbrochen werden. Streckenweise Verkehrslärm und Hartbelag.
Beste Jahreszeit: Juni bis Oktober; Wochenenden möglichst meiden.
Einkehr: Sustenpaßhöhe und in Furen.
Unterkunft: Hotel Steingletscher (✆ 033/9751222). Hotel Alpenrose in Obermad (✆ 033/9751155). Hotel Bären in Gadmen (✆ 033/9751242). Hotel Terrasse in Nessental (✆ 033/9751137). Hotel Tännler in Wiler (✆ 033/9711427). Hotels in Innertkirchen.
Karte: 255 T Sustenpass; 1210 Innertkirchen, 1211 Meiental.
Variante: Aufstieg von Wassen (916 m) durch das urnerische Meiental auf die Paßhöhe in 5½ Std.
Anschlußtouren: 31–33, 38–40, 42, 43.
Tip: Unbedingt von Innertkirchen durch die Aareschlucht nach Meiringen; vgl. Tour 32.

Nach dem Vorbild alter Saumwege-Baukunst ist auf der Berner Seite des Sustenpasses 1992/93 ein 4,5 km langes Wegstück zwischen Steingletscher und Gadmen instand gesetzt worden: der ruhigste Abschnitt der spannenden Wanderung am höchsten Straßenpaß des Oberlandes.
Von der Westpforte (2224 m) des Scheiteltunnels auf dem **Sustenpaß** hinauf auf die Paßhöhe (etwa 2250 m). Zurück zur Postautohaltestelle, kurz der

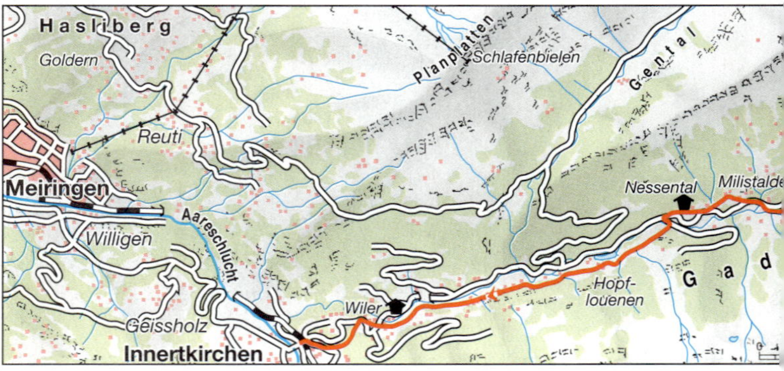

Alt-neuer Weg in der Diagonale: Sustensaumpfad unterhalb von Steingletscher.

modernen Paßstraße folgen, dann links auf die Trasse der Kunststraße von 1811 einbiegen; sie führt, die Autostraße zweimal kreuzend, hinab nach **Steingletscher** (1865 m). Auf dem renovierten Saumweg über Wyssenmad, zuerst südlich, dann nördlich des Steinwassers bis auf die Ebene (1239 m) östlich von **Obermad**. Wenn das Militär nicht scharf schießt, wieder über den Fluß und links des Gadmerwassers talauswärts, an der Abzweigung nach **Gadmen** vorbei (bei Schießbetrieb Umweg über Gadmen). Weiter talabwärts auf einem Sträßchen über **Furen** (1131 m), Schaftelen und eine Steilstufe zur Bidmi-Brücke. Kurz darauf unter der Autostraße hindurch nach Milistalden und nach **Nessental** (925 m). Unterhalb davon werden Straße und Fluß wieder überquert; ruhige Wiesenpfade führen über Hopflouenen nach Schwendi und ein Sträßchen nach **Wiler**. Hier kurz der Straße folgen, bis links der Wanderweg nach Bottigen und **Innertkirchen** hinableitet.

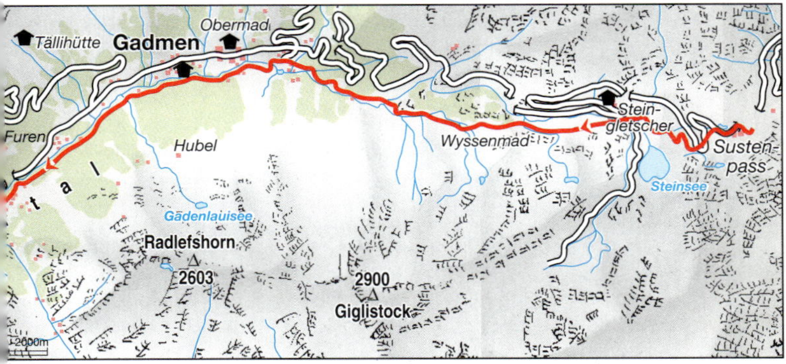

42 Klettersteig Tälli, 2540 m

Kitzel über dem Abgrund: Adrenalinschübe für erprobte Bergwanderer

(Sustenpaßstraße) – Tällihütte – Gadmerflue – Gental – Tällihütte oder Engstlenalp

Talort: Furen (1149 m); vgl. Tour 43.
Ausgangspunkt: Tällihütte (1716 m); vgl. Tour 43; 1½ Std. von der Sustenpaßstraße.
Endpunkt: Tällihütte (1716 m) oder Engstlenalp (1834 m); vgl. Tour 45.
Gehzeiten: Tällihütte retour 7–8 Std., mit Abstieg zur Engstlenalp 1 Std. kürzer.
Höhenunterschied: Auf- und Abstieg je 1000 m bei Rückkehr in die Tällihütte; eigentlicher Klettersteig 500 m, mit Vorbau 600 m.

Anforderungen: Schwieriger Klettersteig, teilweise sehr ausgesetzt. Wer nicht über die nötigen Voraussetzungen verfügt, vertraut sich besser einem Bergführer an.
Ausrüstung: Anseilgurt, 2 Laufschraubkarabiner mit Verbindungsseilen, Helm. Das spezielle Klettersteig-Material kann zum Beispiel bei Pollux-Sport in Meiringen gemietet werden. Allerdings sollte man auch damit umgehen können.
Beste Jahreszeit: Juli bis Anfang Oktober. Im Frühsommer gibt es gefährliche Altschneereste.
Einkehr und Unterkunft: Tällihütte, Bergführerverein Haslital, 26 Plätze, offen und bewirtschaftet von Mitte Juni bis Ende Oktober, ✆ 033/9751410.
Sehenswertes: Moderne touristische Aufbereitung des Gebirges.
Karte: 255 T Sustenpass; 1210 Innertkirchen.
Anschlußtouren: 39, 40, 41, 43, 44, 45.
Anmerkung: Faltblattbestellung und eine Bergführervermittlung für den Klettersteig Tälli bei Pollux-Sport Meiringen, ✆ 033/9714318.

Nördlich oberhalb der Sustenstraße ziehen sich vom Tällistock über die Wendenstöcke bis zum Titlis senkrechte, 500 bis 1500 Meter hohe Kalkwände. Der mittlere Teil ist bei Extremkletterern in ganz Europa als Wenden bekannt, der westliche Teil ist auf der Karte als Gadmerflue angeschrieben. Dort, westlich des Horlauipfeilers, verläuft der 1993 eröffnete Klettersteig. In 2200 freiwillig geleisteten Arbeitsstunden und mit Kosten von 150 000 Franken bohrten Mitglieder des Bergführervereins Haslital 660 Löcher in den Fels, setzten 550 Eisenstifte und 25 Eisenbügel, montierten 48 Meter Eisenleitern, verlegten 1300 Meter Stahlseile. Resultat: der erste echte Klettersteig der Schweiz.

Von der **Tällihütte** nordostwärts auf weiß-blau-weiß markiertem und zuletzt versichertem Steig in zusehends abschüssigerem Gelände, am Alpligerstöckli (1912 m) vorbei, zum **Alpligerstock** (2067 m) am Wandfuß der Gadmerflue, wo der eigentliche Klettersteig beginnt. Nach dem atemberaubenden Einstieg (der bewußt so gewählt wurde, um Klettersteigkandidaten zu prüfen) legt sich die Wand leicht zurück. Der Weg schleicht an den Schwachstellen der Mauer entlang, benützt geschickt grasige Bänder und gestufte Absätze. Seitenausstiege gibt es nicht. Ein Rückzug wäre möglich, aber schwieriger als der Aufstieg. Nach einem Drittel der Strecke erreicht man eine geräumige Höhle mit einer Holzbank. Kurz unterhalb des Ausstieges kommt man wieder zu einer Holzbank in einer Nische; darin ist ein Wandbuch zu finden. Vom »Gipfel« des Klettersteigs (etwa 2540 m, östlich P. 2598 m) auf weiß-blau-weiß markierter Route nordwestwärts über Geröll und Gras, bei P. 2230 m vorbei, auf den Wanderweg, der bei etwa 1940 m erreicht wird. Wie bei Tour 43 zurück zur **Tällihütte** oder weiter auf die **Engstlenalp**.

Neuer Weg in der Senkrechten: Einstieg zum Klettersteig Tälli.

43 Sätteli, 2116 m

Höhenweg unter den Hasli-Dolomiten vom Gental ins Gadmertal

Engstlenalp – Sätteli – Tällihütte – Furen oder Gadmen am Sustenpaß

Ausgangspunkt: Engstlenalp (1834 m); vgl. Tour 45.
Endpunkt: Furen (1149 m) oder Gadmen (1205 m); Postauto nach Meiringen oder nach Wassen/Göschenen [Linie 470.70+71]. Der markierte und teils neu erstellte Weg erreicht die Sustenpaßstraße bei P. 1171 m, 500 m oberhalb von Furen bei der Talstation der Materialseilbahn zur Tällihütte; keine offizielle Postautohaltestelle.

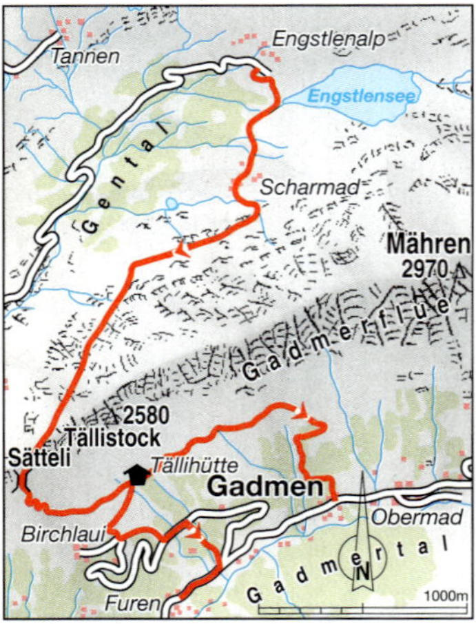

Gehzeiten: Engstlenalp – Sätteli 2¾ Std., Sätteli – Tällihütte 1 Std., Hütte – Furen 1 Std., Hütte – Gadmen 1¼ Std.; Gesamtgehzeit rund 5 Std.
Höhenunterschied: Aufstieg 300 m, Abstieg 1000 m.
Anforderungen: Markierte Bergwanderung, die Trittsicherheit verlangt; einige ausgesetzte Stellen, insbesondere beim Abstieg vom Sätteli (Vorsicht bei Nässe).
Beste Jahreszeit: Juli bis Oktober.
Einkehr und Unterkunft: Engstlenalp; vgl. Tour 44. Tällihütte; vgl. Tour 42. Im Gadmertal; vgl. Tour 41.
Sehenswertes: Vielfältige Fauna (seltene Schmetterlinge und Kreuzottern) und Flora (Wechsel von feuchter Nord- auf trockene Südseite). Die durch Stein- und Schneelawinen bedrohten Alpen, die beidseits der Gadmerflue an den Talflanken kleben.
Karte: 255 T Sustenpass; 1210 Innertkirchen.
Anschlußtouren: 39, 40, 41, 42, 44, 45; aus Rother Wanderführer Vierwaldstätter See 22.
Tip: Wanderer, die nicht den Klettersteig Tälli machen wollen, steigen auf dessen Abstiegsroute auf die Gadmerflue; vgl. Tour 42.

»Die Alp ist nicht nur eine der aussichtsschönsten der Schweiz, sondern auch an sich der wahre Begriff einer Schweizeralpe mit blumenbesäten Matten, kräftigen Tannen, ehrwürdigen Arven, schmucken Alpenpflanzen (zahlreiche Alpenrosen), kaskadenreichen Bergbächen, trefflichem Quellwasser (4° C), vorzüglicher Milch, einem südöstlich nahen, forellenreichen See, dessen Temperatur an warmen Tagen bis 15°C steigt, wo also Bäder genommen werden können.« So beschrieb 1880 Theodor Gsell-Fels die Engstlenalp. Noch schöner als von der Engstenalp ist die Aussicht vom Sätteli, der Scharte zwischen senkrechten Kalkzinnen, die auch Hasli-Dolomiten genannt werden. Denn zur Sicht auf die westlichen Urner und östlichen Berner Alpen kommt nun noch der Tiefblick ins Gental und Gadmertal.

Scheinbar haltlose Talflanken: Annäherung an das Sätteli.

Von der **Engstlenalp** auf dem Wanderweg südwärts am Ausfluß des **Engstlensees** vorbei auf die Alp Scharmad. Linkerhand den Pfad einschlagen, der als oberster Weg unter den Abstürzen der Gadmerflue und des Tällistocks in leichtem Auf und Ab (und zuletzt in spürbarem Aufstieg) durch meistens steile Gras- und Geröllhänge in das schartige **Sätteli** (2116 m) führt. Der Pfad zickzackt durch die abschüssige Südflanke in die Tiefe und quert dann zur **Tällihütte** (1716 m) hinüber. Hier trennen sich die Wege: Entweder auf dem Höhenweg, mehrere jähe Gräben querend, über Alpligen auf die Alp Raflue (1603 m); der Weg zieht gegen den Horlauigraben hinab, folgt ihm auf seiner linken Seite und erreicht schließlich **Gadmen**. Oder von der Tällihütte auf dem Hüttenweg zum Parkplatz Lägerrain; noch vor der Straße links hinab zu einem weiter unten liegenden Abschnitt dieser Straße. Auf ihr bis jenseits des Üsser Flüeligrabens, dann direkt auf einem neuen Pfad hinab an die Sustenpaßstraße (P. 1171 m). Auf der Straße nach **Furen**.

44 Jochpaß, 2207 m

Teilstück der Alpenpaßroute Sargans–Montreux

Engelberg – Trüebsee – Jochpaß – Engstlensee und -alp

Ausgangspunkt: Engelberg (1004 m); Bahn [Linie 480] von Luzern.
Endpunkt: Engstlenalp (1834 m); vgl. Tour 45.
Gehzeiten: Engelberg – Trüebsee 2¾ Std., Trüebsee – Jochpaß 1¼ Std., Jochpaß – Engstlenalp 1 Std.; Gesamtgehzeit 5 Std.
Höhenunterschied: Aufstieg 1200 m, Abstieg 370 m.
Anforderungen: Leichte Bergwanderung auf markierten Wegen, die nur etwas Kondition für den Aufstieg oder Geld für die Bergbahnen benötigt.
Beste Jahreszeit: Juli bis Oktober; im Juni oft noch Schneefelder auf der Nordseite des Jochpasses. Die Gondelbahn Engelberg–Trüebsee fährt durchgehend außer während 2 Wochen im November. Die Sessellifte vom Trüebsee auf den Jochpaß und hinunter gegen den Engstlensee laufen auch im Sommer.
Einkehr und Unterkunft: Hotels und Jugendherberge in Engelberg. Café Ritz auf Vorder Stafel/Gerschnialp (✆ 041/6372212), Hotel Trübsee (✆ 041/6371371), Berghaus Jochpaß (✆ 041/6371187). Berghotel Engstlenalp, offen von Mitte Juni bis Oktober, ✆ 033/9751161.
Sehenswertes: Das Kloster Engelberg. Die rotierenden Kabinen der Luftseilbahn auf den Klein Titlis. Die Eiskuppe des Titlis. Die Kalktürme der Wendenstöcke. Die Arven im Naturschutzgebiet Engstlensee.
Karte: 245 T Stans, 255 T Sustenpass; 1191 Engelberg, 1210 Innertkirchen, 1211 Meiental.
Variante: Aufstieg mit Bergbahnen.
Anschlußtouren: 42, 43, 45; aus Rother Wanderführer Vierwaldstätter See 22, 23, 31.
Tip: Sommerskifahren am Titlis mit dem Ice Flyer.

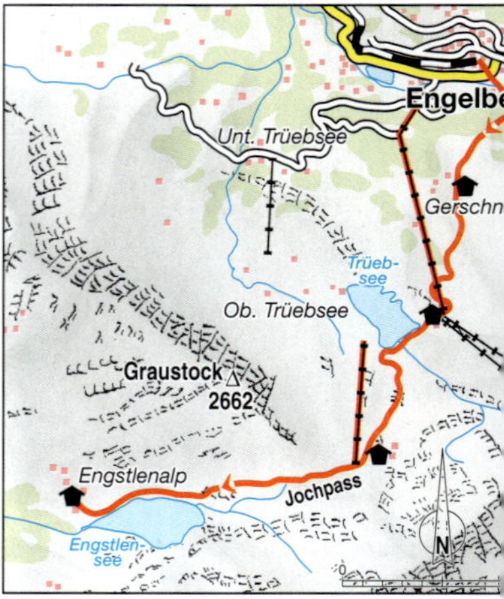

»Die ersten Skifahrer, welche die jungfräulichen Hänge Engelbergs durchfurchten, waren die Herren Hans Immer von Meiringen und seine Begleiter Melch. Thöni und Joh. Berg ab Wyler in Innertkirchen. Diese kamen im Winter 1893 auf 1894 über den Jochpaß nach Engelberg«, steht im Jahrbuch des Schweizerischen Ski-Verbandes »Ski« von 1910. Wer 100 Jahre später im Sommerhalbjahr auf den Spuren dieser Skipioniere wandert, merkt fast auf Schritt und Tritt, daß ihre Tat nicht ohne Folgen geblieben ist. Doch trotz Masten und Pisten, Kabeln und Kneipen ist die Landschaft im Schnittpunkt der Kantone Bern, Ob- und Nidwalden dank Fels und Firn der nahen Gipfel sehenswert.

Seit über 100 Jahren von Skifahrern besucht: Engstlensee am Rand des Oberlandes.

Vom Bahnhof **Engelberg** südostwärts durch die Lindenallee zur Brücke über die Engelberger Aa. Auf gutem Weg über die waldige Steilstufe zur Hochfläche der **Gerschnialp** (Vorder Stafel, 1257 m). Südwärts zum buschigen Steilhang der Pfaffenwand (»Staldi« auf der Karte), die vom **Hotel Trübsee** (1796 m) und von Bergbahngebäuden gekrönt wird. Hinab zum **Trüebsee** (1764 m). Nach der Brücke über den Zufluß links weg und auf einem Pfad ziemlich steil hinauf zum **Jochpaß** (2207 m); man kann auch den Weg nehmen, der entlang dem Sessellift hinaufführt. Vom Paß auf dem (rechten) Weg hinab zum **Engstlensee** (1850 m). Nun aber nicht direkt zum Berghotel **Engstlenalp** (1834 m) gehen, sondern den hübschen Umweg über das arvengesäumte Nordwestufer wählen.

45 Gental

Sonniger Höhenweg mit Schattenseiten durch ein wenig bekanntes Tal

Engstlenalp – Baumgarten – Schlafenbielen – Reuti – Meiringen

Talort und Endpunkt: Meiringen (595 m) an der Bahnlinie [470] Interlaken–Luzern.
Ausgangspunkt: Engstlenalp (1834 m); Postauto [470.80] von Meiringen; fährt von Ende Juni bis Mitte Oktober.
Gehzeiten: Engstlenalp – Baumgarten 1 Std., Baumgarten – Moosbielen 1½ Std., Moosbielen – Reuti 1 Std., Reuti – Meiringen 1 Std.; Gesamtgehzeit 4½ Std.
Höhenunterschied: Aufstieg 320 m, Abstieg 1560 m.
Anforderungen: Wenig schwierige Bergwanderung auf teilweise markierten Wegen; Trittsicherheit vereinzelt erwünscht.
Beste Jahreszeit: Juli bis Oktober.
Einkehr und Unterkunft: Engstlenalp; vgl. Tour 44. Hotels in Meiringen und Reuti.
Sehenswertes: Die Wetterhörner im Talschluß.
Karte: 255 T Sustenpass; 1210 Innertkirchen.
Varianten: Von der Engstlenalp über Balmeregghorn und Planplatte in 5¼ Std. nach Reuti (mehr Leute, mehr Lifte, mehr Gipfel).
Anschlußtouren: 7, 30, 31, 42–44, 47; aus Rother Wanderführer Vierwaldstätter See 22.
Hinweis: Von der Mägisalp nach Bidmi (beide mit Gondelbahn erreichbar) führt der bei Kindern sehr beliebte Zwergenweg Muggestutz (2 Std.). Gratis-Faltblatt, Buch und Kassette bei Tourist Information Hasliberg.

»The Gental has the classic U-shape of a glaciated valley. The gray walls are stepp and rocky and contrast aesthetically with the verdant valley floor«, hält William Reifsnyder im Führer »Footloose in the Swiss Alps« fest, der 1974 beim Sierra Club in San Francisco erschienen ist. Darin beschreibt der Autor Trekkings in der Schweiz; den Hauptteil macht die Alpenpaßroute Sargans–Montreux aus, die im Berner Oberland »Hintere Gasse« (vgl. Tour 50) heißt. Eine Etappe dieses eidgenössischen Trails führt durchs Gental.
Vom Berghotel **Engstlenalp** auf dem Höhenweg, die Abzweigungen nach Tannalp rechts liegenlassend, durch die hintere Südostflanke des Gentals auf die **Alp Baumgarten** (1702 m). Auf einem Fahrweg leicht ansteigend talauswärts. Nach 800 m zweigt rechts der Wanderweg ab (markiert). Er führt

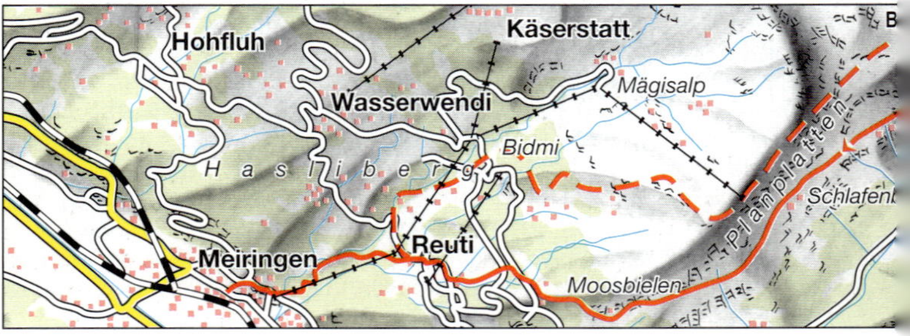

Holzschnitzereien und Betonboden: Rast vor der Moosbielenhütte.

durch ziemlich steile Grashalden auf eine Schulter des Balmeregg hinauf, am Rande des in die Talflanke eingelagerten Kessels von **Wüost** (nördlich P. 1861 m). Hinab in diesen Kessel, seine Bäche überqueren und auf dem Höhenweg durch die jähe Talflanke auf die **Alp Schlafenbielen** (1937 m). Auf dem häßlichen Alperschließungssträßchen bis zur Kante, wo das Gental aufhört; weiter auf dem alten Alpweg, der rechterhand durch einen grasigen Hang zur **Alp Moosbielen** (1614 m) sinkt. Auf der Straße weiter, von welcher der offizielle Wanderweg nach Reuti links abgeht. Auf der Straße bleiben, aber die zweite Kurve auf dem ehemaligen Alp- und Wanderweg abkürzen (Abzweigung nicht gut sichtbar!) und gleich weiter auf dem Pfad an P. 1475 m vorbei nach Gwiggi absteigen. Rechts das Sträßchen nehmen; es führt über den Mili-Bach zur Straße Reuti–Bidmi. Darauf hinab, bis rechts der Wanderweg nach **Reuti** abzweigt. Wo man in Reuti (1061 m) auf die große Straße trifft, beginnt die Wanderroute nach Meiringen. Zuletzt durchs Dorf zum Bahnhof **Meiringen**.

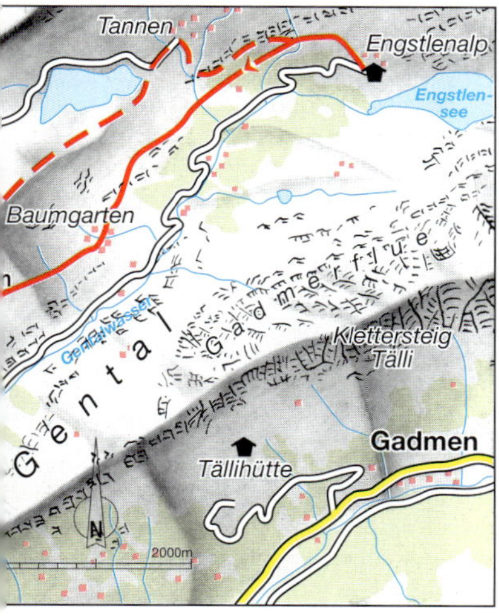

46 Gibel, 2035 m

Schlammiger Höhenweg, aussichtsreicher Gipfel, langgezogener Abstieg

Meiringen/Hasliberg – Käserstatt – Gibel – Feldmoos – Brünigpaß

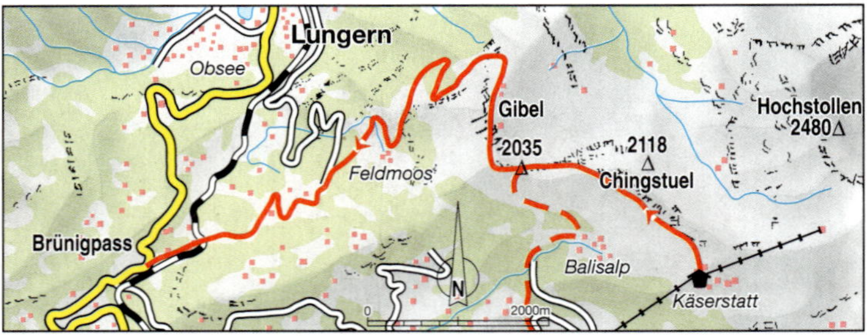

Talort: Meiringen (595 m) oder Hasliberg-Wasserwendi (1160 m); vgl. Tour 47.
Ausgangspunkt: Käserstatt (1831 m); vgl. Tour 47.
Endpunkt: Brünigpaß (1002 m); vgl. Tour 1.
Gehzeiten: Käserstatt – Gibel 1¼ Std., Gibel – Brünigpaß 3 Std.; Gesamtgehzeit 4¼ Std.
Höhenunterschied: Aufstieg 200 m, Abstieg 1030 m.
Anforderungen: Für Turnschuhe nicht geeignet, auch beim Abstieg nicht: teilweise schmaler Gras- bzw. Sumpfpfad. Sonst leicht und gut markiert.
Beste Jahreszeit: Juni bis Oktober.
Einkehr: Auf Käserstatt.
Unterkunft: In Meiringen und Hasliberg. Brünigpaß; vgl. Tour 1.
Sehenswertes: Schwingen (eidgenössische Volkssportart): alljährlich jeweils am Sonntag Ende Juli Brünig-Schwinget, Anfang August Käserstatt-Schwinget (genaue Daten bei den Verkehrsvereinen). Sonst: Panorama, Kuhherden im Sommer, Ahornbäume.
Karte: 254 T Interlaken, 255 T Sustenpass; 1209 Brienz, 1210 Innertkirchen.
Varianten: Aufstieg von Hasliberg-Hohfluh (1051 m) über Gadmen, Balisalp/Vorder Staffel und Steinschlag-Hütte auf den Gibel; 2½ Std. Man kommt so beim sogenannten Berner Gibel südwestlich des eigentlichen Hauptgipfels vorbei (schöner Tiefblick ins Tal, Grillplatz). Dieser Ort läßt sich auch leicht vom Hauptweg erreichen.
Anschlußtouren: 1, 45, 47; aus Rother Wanderführer Vierwaldstätter See 29.
Tip: Hasliberger Dorfweg, eine baukundliche, 1993 eingeweihte Wanderung zu 23 charakteristischen Häusern und Dorfbildern auf der Sonnenterrasse; Dauer 3 Std. Unbedingt mitnehmen sollte man den informativen Prospekt des Verkehrsvereins mit genauer Lage der Häuser, damit man nur die wirklich schönen Gebäude betrachtet und nicht die Bausünden.

Die Gibel-Überschreitung von Käserstatt zum Brünigpaß ist eine beliebte, auch von den Verkehrsvereinen von Meiringen und Hasliberg empfohlene und durchgeführte Wanderung. Zu Recht: Die Aussicht vom Dachfirst des Gibel ist beeindruckend. Die östlichen Berner Alpen leuchten majestätisch, die Gletscher der Sustenhorn-Dammastock-Gruppe gleißen verheißungsvoll,

Idyllische Szenerie vorne, Wetterhörner, Mönch und Eiger hinten: Kuh auf Käserstatt.

über die Grimsel guckt der Basodino herüber; dazu kommt der Blick auf den Brienzersee und die Obwaldner Seenplatte. Auf dem Höhenweg allerdings bleibt der Blick auf dem von Kuhhufen zerfurchten Pfad haften.
Von der Gondelbahn-Bergstation auf **Käserstatt** auf dem Höhenweg sanft ansteigend durch die mäßig steilen, grasigen Sonnenhänge von Hohbiel und Chingstuel auf die Schonegg. Rechterhand den Chlyne Gibel umrunden und direkt auf den (großen) **Gibel**. Vom Gipfel deutlich linksausholend auf den Laucherboden und über den Grasrücken in eine Einsattelung hinab. Auf einem Alpsträßchen über die meistens bewaldete Westseite, bis der Wanderweg nach links zum Brünig abzweigt. Er zieht sich nach Feldmoos hinab. Nun wieder – weit nach Norden ausholend – auf einem Alpsträßchen weiter, das zu den Ahornbäumen von Esleren führt. Kurz darauf zweigt bei einer Kurve wieder ein Wanderpfad ab. Die Wanderroute senkt sich abwechslungsweise im Gras und auf Schotter oder gar Beton, durch Wiesen und durch Wald, zur Bahnlinie hinab. Dieser entlang, dann auf der Straße in wenigen Minuten auf den **Brünigpaß**.

47 Hochstollen, 2480 m

Die kurze Gipfeltour zum langen Abschied vom Berner Oberland

Hasliberg – Käserstatt – Hohsträss – Hochstollen – Melchsee-Frutt

Kuhglockengebimmel, Eisgebirge, Bergbahnen: Noch einmal zeigt sich das Berner Oberland von seiner lebendigen, ästhetischen, touristischen Seite. Noch einmal erleben wir das, was dieser Teil der Alpen für die ersten Touristen im 18. Jahrhundert so unwiderstehlich machte: eine idyllische, beruhigende Sennenszenerie in der Nähe, dahinter die wilden, vergletscherten, unverwechselbaren Berge – und dies alles bequem erreichbar.
Von **Käserstatt** nordostwärts nach **Hohsträss** hinauf, auf dem Wiesenpfad oder mit dem Sessellift. Von der Bergstation folgt der gute Bergweg zuerst einem Grat, quert eine grasige Mulde zum Übergang Wit Ris und zieht sich elegant entlang dem gezackten Südgrat auf den **Hochstollen**; Gipfelkreuz und -buch. Auf dem Pfad entlang dem schmalen Nordgrat nach Abgschütz hinab, nach rechts in die Tschugglen-Mulde und am Blauseeli vorbei zum **Melchsee** mit Tourismussiedlung und Bergstation der Luftseilbahn.

Typisch Berner Oberland: unverwechselbare Gipfel, leicht erreichbare Gasthäuser.

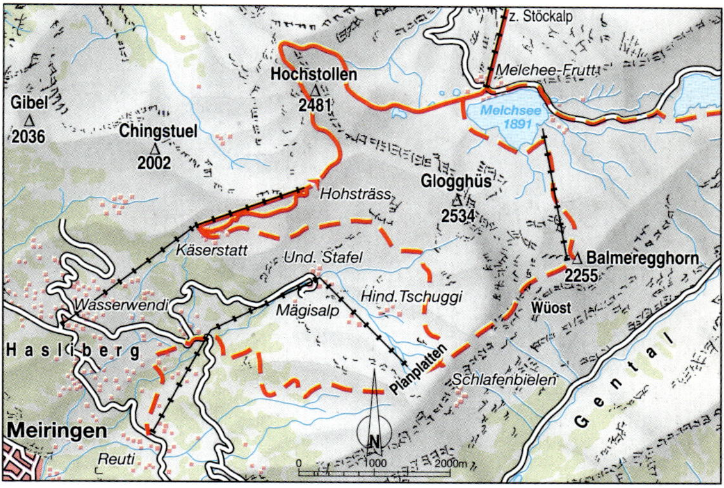

Talort: Meiringen (595 m) an der Bahnlinie Interlaken–Brünig–Sarnen–Luzern [470]. Oder Hasliberg–Wasserwendi (1160 m) oberhalb von Meiringen; Postauto [470.50] vom Brünigpaß.

Ausgangspunkt: Käserstatt (1831 m). Bergstation der Gondelbahn von Hasliberg-Wasserwendi; fährt von Mitte Juni bis Ende Oktober. Von Meiringen nimmt man die Seilbahn nach Reuti und das Hasliberg-Postauto nach Wasserwendi. Von Käserstatt führt noch ein Sessellift auf Hohsträss (ca. 2180 m); Anfang Juli bis Ende August sowie an schönen September-Wochenenden.

Endpunkt: Melchsee-Frutt (1902 m); Seilbahn (Mitte Juni bis Ende Oktober) auf die Stöckalp (1075 m) und mit dem Postauto [470.25] durchs Melchtal nach Sarnen.

Gehzeiten: Käserstatt – Hohsträss und Hohsträss – Hochstollen je 1 Std., Hochstollen – Melchsee 1½ Std.; Gesamtgehzeit 2½-3½ Std.

Höhenunterschied: Aufstieg 650 m von Käserstatt, 300 m von Hohsträss, Abstieg 580 m.

Anforderungen: Eine Portion Trittsicherheit und Schwindelfreiheit mitnehmen; Proviant und Kondition braucht's nicht.

Beste Jahreszeit: Juni bis Oktober.

Einkehr: Auf Käserstatt und Melchsee-Frutt.

Unterkunft: In Meiringen, Hasliberg, Melchsee-Frutt.

Sehenswertes: Eiger, Mönch und Wetterhörner sagen auf Wiedersehen, die Zentralschweizer Gipfel locken mit neuen Wanderungen.

Karte: 255 T Sustenpass; 1210 Innertkirchen.

Variante: Vom Nordostufer des Melchsees (1891 m) auf das Balmeregghorn (2255 m). Atemberaubender Höhenweg nach Planplatten (2245 m). Von dort drei Möglichkeiten: mit Sessellift auf die Mägisalp und mit der Gondelbahn nach Reuti; zu Fuß nach Hohsträss oder Käserstatt; Abstieg durch die Gummen nach Bidmi und weiter nach Reuti oder Wasserwendi. Marschzeit je nach Benützung der Bergbahnen 1 bis 4 Std.

Anschlußtouren: 43, 44 45, 46; aus Rother Wanderführer Vierwaldstätter See 27.

Tip: Vom Melchsee in 1½ Std. über Tannensee und Tannen auf die Engstlenalp.

Trekking: »Dür z'Oberland uuf ...«

»Wer laufen kann wie eine Gemse und nicht einen Schritt aus dem Wege beyseits will, und alles daran setzen mag, was er von Gesundheit und Muskelkraft besitzt, der kann erzwingen in vier Tagen das Wesentlichste des Oberlandes abzuthun; obwohl wir es fast für Sünde halten, ihm dazu einen Plan zu geben.« Johann Rudolf Wyss gibt in seinem »Hand Atlas für Reisende in das Berner Oberland« von 1816 folgende, schon damals klassische Route an: 1. Tag: Von Bern mit der Kutsche nach Thun, mit dem Schiff nach Interlaken und zu Fuß oder mit einem Wägelchen nach Lauterbrunnen; 2. Tag: Zu Fuß über die Kleine Scheidegg nach Grindelwald; 3. Tag: Zu Fuß über die Große Scheidegg nach Meiringen; 4. Tag: Mit der Kutsche nach Brienz, mit den Schiffen über Brienzer- und Thunersee und wiederum mit der Kutsche zurück nach Bern. Heute brauchen wir für die Reise durchs östliche Berner Oberland zwei Tage, wenn wir die gleichen Strecken wie die damaligen Reisenden zu Fuß zurücklegen wollen; und nur einen einzigen Tag, wenn wir alle Bahnen, Busse und Boote am Weg benützen.
Die Kleine Scheidegg gehört dank Eigernordwand und Jungfraujochbahn noch immer zu den beliebtesten Zielen im Oberland. Sie bildet, damals wie heute, das Kernstück einer Fußreise durch diesen Teil der (Schweizer) Alpen. Von Meiringen führt eine Route über acht Pässe am Fuß von Eiger, Blümlisalp und Wildstrubel vorbei nach Gsteig: die Hintere Gasse, für die acht Tage benötigt wird. Sie kann auch in Tagesetappen abgestottert werden; die öffentlichen Verkehrsmittel erschließen alle Talorte und teilweise auch die Pässe. Wer aber laufen kann wie eine Gemse, wird nur zu Fuß gehen, auf der Hinteren Gasse (Tour 50) genauso wie auf den beiden andern vorgestellten Mehrtagestouren im Oberland, die nördlich und südlich von Thuner- und Brienzersee (Touren 48, 49) verlaufen.
Bei allen drei Trekkings übernachten wir häufig in der Höhe. Wenn wir am fünften Tag des Gipfeltrips vom Stockhorn zum Faulhorn in die historischen Betten des 1830 erbauten Berghotels sinken (die Matratzen und das Bettzeug aber sind neu!), dann kommt es uns fast so vor, als gehörten wir zu den ersten Touristen in den Alpen, die hier den Sonnenuntergang und -aufgang bewunderten. Natürlich könnte man die drei Ost-West-Verbindungen bepackt mit Zelt und Verpflegung für eine ganze Woche abschreiten. Aber tagelang mit einem schweren Sack an gemütlichen Gasthäusern, stilvollen Berghotels und feinen Bäckereien vorbeikeuchen, ist nicht lustig. Also lieber einen kleinen Rucksack mitnehmen und die Zwischenverpflegung jeweils in den Talorten einkaufen. Wer gar die drei Routen zu einem dreiwöchigen Oberländer Wander-Marathon verbindet, wird froh um leichtes Gepäck sein. Auf den Lippen das Lied »Dür z'Oberland uuf und dür z'Oberland ab«. In der Deckeltasche die beiden Rother Wanderführer; das sind gut 180 Seiten. Der »Hand Atlas« von Wyss war mit seinen 84 Seiten der Rucksackführer (die

Von Osten nach Westen oder umgekehrt: Am Brienzersee führt(e) jede Route vorbei.

Idee der Kurzführer von heute ist also gar nicht so neu) zu seinem zweibändigen, insgesamt 914seitigem Werk »Reise in das Berner Oberland« von 1816/17. Ein Buch, aus dem ich am liebsten seitenweise zitieren würde. Zum Beispiel: »Auf einer Hochalp, wie die Scheideck, auf einem Bergdorf, wie Mürren, in einem Hospiz, wie das der Grimsel, einen ruhigen Tag verlebt haben, sich einheimisch fühlen mit dem Alpenvolk, die ganze Pflege der Heerden, das volle Tagwerk eines Sennen theilnehmend mit innigem Natursinn anschauen, den Morgenstrahl und den Abendblick der Sonne, die Wechsel der Beleuchtung und die Wirksamkeit der Naturkräfte stillen Gemüthes in sich aufnehmen, – heißt die Seligkeit einer ganzen Idyllenwelt empfinden.« Oder, noch schöner: Wyss bezeichnet die Berner Oberländer Gipfel als »eisbeladene Himmelsstützen, die von so einziger Schönheit und Erhabenheit sind, daß ihre Umrisse am Horizont durch Majestät und vielgestaltige Pracht selbst die Gebirge Griechenlands, und des hochragenden Tibets, den Caucasus und die Cordillieren Amerikas entweder bestimmt übertreffen, oder doch ganz zu erreichen scheinen.«

48 Vom Brienzer zum Sigriswiler Rothorn

Zwölf Gipfel nördlich des Brienzer- und Thunersees

Brünigpaß – Brienzer Rothorn – Chli Schnierenhörnli – Hohgant – Niederhorn – Sigriswiler Rothorn – Blueme – Thun

Ausgangspunkt: Brünigpaß (1002 m) an der Bahnlinie [470] Interlaken–Luzern.
Endpunkt: Thun (560 m) an der Bahnlinie Interlaken–Berlin.
Gehzeit: Insgesamt 40 Std. (90 km).
Höhenunterschied: Aufstieg insgesamt 6100 m, Abstieg insgesamt 6600 m.
Anforderungen: Herausforderung für konditionsstarke, trittsichere Wanderer. Wege meistens markiert.
Beste Jahreszeit: Juni bis Oktober.
Einkehr und Unterkunft: Berghotels und Landgasthöfe.
Verpflegung: Kleiner Laden in Innereriz.
Karte: 253 T Gantrisch, 254 T Interlaken.
Varianten: Vom Bitschigrind unterhalb der Ällgäu Lücke Abstieg nach Oberried am Brienzersee (2 Hotels). Als 3. Etappe über Blasenhubel, Augstmatthorn, Suggiturm und Horetegg nach Habkern; 9 Std. (Tour 4; Ost). Von Habkern über Gemmenalphorn zum Niederhorn; 4¾ Std. (Tour 47; West).

Genaugenommen gehören die Gipfel nördlich oberhalb von Brienzer- und Thunersee nicht zu den Berner, sondern gemäß einer allgemein üblichen, deutschen Einteilung zu den Emmentaler Alpen. Allerdings zählen die Gipfel in der südlichsten Kette zwischen Brünigpaß und Thun zum Berner Oberland, weshalb sie in Wanderführern zu diesem Gebiet aufgenommen werden. Zumal die Spitzen zwischen Brienzer und Sigriswiler Rothorn das abwechslungsreichste Panorama im ganzen Oberland bieten. Direkt zu unseren Füßen glitzern die blauen Seen mit den weißen Schiffen, und gegenüber leuchten die weißen Hochalpen unter dem blauen Himmel. Überhaupt die Kontraste: Nicht nur die Aussicht ist reich daran. Auch der Kontrast zwischen der Einsamkeit unterwegs und der Betriebsamkeit auf einzelnen Gipfeln, vor allem auf dem Brienzer Rothorn und dem Niederhorn mit ihren vielen Ausflugstouristen, ist auffällig. Genauso wie die Stille, wenn jene abends abgezogen und die Gleitschirm-Piloten abgeflogen sind.
Gipfelhungrige Wanderer wagen sich am dritten Tag bei der Überschreitung des Hohgant noch auf den Aff hinauf, nachdem sie am ersten Tag schon das Wilerhorn und die Höch Gumme mitgenommen haben. Alpinisten können gar dem ganzen Brienzergrat vom Brienzer Rothorn bis zum Harder oberhalb von Interlaken folgen. Außerhalb der touristischen Grenzen liegt das Kemmeriboden Bad am Nordfuß des Hohgant; es zählt bereits zum Emmental. Die Nachspeise-Spezialität, für die dieser Landgasthof weit über die Region hinaus bekannt ist, heißt Meringues und stammt ursprünglich aus Meiringen im Berner Oberland.

Die sechs Etappen (mit Tourenhinweis und Band des Wanderführers):

- 1. Brünigpaß – Arnihaaggen – Brienzer Rothorn; 5¾ Std. (Tour 1; Ost);
- 2. Brienzer Rothorn – Planalp – Ällgäu Lücke – Chli Schnierenhörnli –

Einer der Höhepunkte: Blick zurück vom Brienzer Rothorn auf die erste Etappe.

Kemmeriboden Bad; 7 Std. (Tour 2; Ost);

- 3. Kemmeriboden Bad – Hohgant – Innereriz; 8½ Std. (Tour 3; Ost);
- 4. Inneriz – Grüenenbergpaß – Gemmenalphorn – Niederhorn; 6 Std. (Touren 46, 47; West);
- 5. Niederhorn – Beatenberg – Justistal – Sigriswiler Rothorn – Sagi – Schwanden (sehr trittsichere Berggänger kürzen die Etappe ab und steigen vom Niederhorn über den ausgesetzten Bärenpfad direkt ins Justistal ab); 8¾ Std. (Touren 47, 48; West);
- 6. Schwanden – Blueme – Heiligenschwendi – Thun; 4 Std. (Tour 49; West).

49 Vom Stockhorn zum Faulhorn

Neun Gipfel südlich über Thuner- und Brienzersee

Oberstocken – Stockhorn – Niesen – Morgenberghorn – Bällehöchst – Sulegg – Geiss – Tuba – Oberberghorn – Faulhorn – Giessbach

Talort: Thun (560 m) an der Bahnlinie Deutschland–Italien.
Ausgangspunkt: Oberstocken (691 m); Bus Nr. 52 [310.25] von Thun.
Endpunkt: Giessbach (566 m); mit den Schiffen über Brienzer- und Thunersee zurück; umsteigen in Interlaken.
Gehzeiten: Insgesamt 45½ Std. (86 km).
Höhenunterschied: Auf- und Abstieg insgesamt je rund 8000 m.
Anforderungen: Eine gute Portion Trittsicherheit, zwei Portionen Kondition und zwei Prisen Orientierungsvermögen; nicht alle Wegabschnitte sind markiert.
Beste Jahreszeit: Juli bis Mitte Oktober.
Einkehr und Unterkunft: Berghotels und Hütten; frühzeitig reservieren. Berghotels am Wochenende häufig ausgebucht.
Verpflegung: Einkaufsmöglichkeiten in Oey, Mülenen und Zweilütschinen/Gündlischwand.
Karte: 253 T Gantrisch; 254 T Interlaken.
Variante: Die Bahnen können nach Belieben miteinbezogen werden.

»In den Randketten der Alpen sind die lohnendsten Aussichtspunkte zu suchen, weil man von ihnen nicht nur ein übersichtliches Bild der Mittelketten und des Hochgebirges geniesst, das man in seiner ganzen Pracht und Grösse vor Augen hat, sondern mit diesem Bilde auch der Blick auf die ebene Schweiz mit ihren Seen, Städten, Feldern und Wäldern, vom blauen

Aussichtsreiche Route: Morgenberghorn und ganz rechts Niesen vom Bällehöchst.

Für wasserfeste Romantiker: Weg unter den Giessbachfällen.

Jura begrenzt, in reizendem Kontrast sich vereinigt.« Diese wohlformulierten Sätze lesen wir in der Einleitung zur mehrbändigen Geschichte der höchsten Gipfel der Schweiz und ihrer Besteigung, die der Berner Alpenpionier Gottlieb Studer unter dem Titel »Über Eis und Schnee« im 19. Jahrhundert verfaßte. Darin werden folgende Aussichtspunkte aufgezählt: Niesen, Sulegg, Faulhorn. Fügen wir noch die benachbarten Stockhorn, Morgenberghorn, Bällehöchst und die drei Gipfel der Schynigen Platte hinzu, die auch Randberge sind, dann haben wir sie beisammen, diese neun Gipfel, die wir in sechs Tagen besteigen. Und auf denen wir, wenn möglich, übernachten. Zum Schluß schaukeln wir in vier Stunden über Brienzer- und Thunersee zurück. Kurz: die Spitzentour erweist sich als höchst aussichtssreiche Route für konditionsstarke Romantiker.

Die sechs Etappen (mit Tourenhinweis und Band des Wanderführers):

- 1. Oberstocken – Stockhorn; 4½ Std. (Tour 1; West).
- 2. Stockhorn – Oey – Niesen; 9½ Std. (Touren 1, 2; West).
- 3. Niesen – Mülenen – Suldgraben – Gasthaus Suld – Brunnihütte (nur am Wochenende offen, sonst Gasthaus Suld oder Rengglipaßhütte); 7¾ Std (Touren 2, 45; West).
- 4. Brunnihütte – Morgenberghorn – Rengglipaß – Untere Innerberg-Hütten – Underberg – Bällehöchst – Sulegg – Suls-Lobhornhütte; 8¾ Std. (Touren 45; West – 9; Ost).
- 5. Suls-Lobhornhütte – Isenfluh – Zweilütschinen – Geiss – Schynige Platte; 7 Std. (Touren 9, 23; Ost).
- 6. Schynige Platte – Tuba – Oberberghorn – Faulhorn – Giessbach; 8 Std. (Touren 24, 26; Ost). Oder die Etappe halbieren und auf dem Faulhorn übernachten.

50 Hintere Gasse von Meiringen nach Gsteig

Die schönste Gasse der Schweiz: Die Alpenpaßroute im Berner Oberland

Große und Kleine Scheidegg – Sefinenfurgge – Hohtürli – Chindbettipaß – Ammertenpaß – Trütlisbergpaß – Chrine

Ausgangspunkt: Meiringen (595 m) an der Bahnlinie [470] Luzern–Interlaken.
Endpunkt: Gsteig (1184 m) an der Postautolinie [120.15] Gstaad–Les Diablerets. Gstaad liegt an der Bahn Montreux–Oberland-bernois [120].
Gehzeiten: Insgesamt 53 Std. (120 km).
Höhenunterschied: Insgesamt ca. 8800 m im Aufstieg; im Abstieg 600 m weniger.
Anforderungen: Viel Kondition, etwas Trittsicherheit. Durchwegs markiert.
Beste Jahreszeit: Juli bis September.
Einkehr und Unterkunft: Vom Fünfsternehotel bis zur Alphütte.
Verpflegung: In den Dörfern unterwegs (mindestens alle zwei Tage).
Karte: 254 T Interlaken, 255 T Sustenpass, 263 T Wildstrubel, 264 T Jungfrau; Wanderkarten Berner Oberland Ost und West, 1: 60 000, von Kümmerly+Frey.
Varianten: Gipfel, die am Wege liegen: Schwarzhorn, Männlichen, Ammertenspitz, Tube, Lauenehorn, Walliser Wispile.
Hinweis: Wird vom Zürcher Reiseveranstalter »Eurotrek« unter dem Namen »Bärentrek« angeboten (✆ 01/4620203).

»Hintere Gasse« heißt der Berner Oberländer Weitwanderweg an der Nahtstelle zwischen den weißen Hochalpen und den grünen Voralpen. Der Weg von Meiringen nach Gsteig ist Teil der Alpenpaßroute von Sargans nach Montreux; diese kommt vom Rheintal durch die Orte Weisstannen, Elm, Linthal, Altdorf, Engelberg und zuletzt über den Jochpaß (vgl. Touren 44, 45 von Band Ost) ins Oberland und verläßt es bei Gstaad über den Col de Jable (vgl. Tour 11 von Band West) nach L'Etivaz und über den Col de Jaman Richtung Genfersee.
Die unten – und auch in den Rother Wanderführern fürs Berner Oberland – vorgestellte Route weicht an einigen Orten von der üblichen Hinteren Gasse ab. Insbesondere zwischen Kandersteg und Lenk wählt sie die näher am Hochgebirge liegende Variante über die Engstligenalp statt den Weg über Adelboden, der mit dem Skizirkus am Hahnenmoospaß wenig attraktiv ist. Die übliche Route macht die Etappenhalte in den Dörfern, während unsere Route häufig höherliegende Berggasthäuser bevorzugt. So ziehen wir morgens in lichtdurchfluteter Landschaft los und wandern in der Abendsonne dem Tagesziel entgegen.

Die acht Etappen (mit Tourenhinweis und Band des Wanderführers):

- 1. Meiringen – Große Scheidegg; 5¼ Std. (Tour 30; Ost).
- 2. Große Scheidegg – Grindelwald – Kleine Scheidegg; 6¼ Std. (Touren 30, 20; Ost).
- 3. Kleine Scheidegg – Trümmelbach – Stechelberg – Rostockhütte; 7½ Std. (Touren 20; Ost – 38; West).
- 4. Rotstockhütte – Sefinenfurgge – Griesalp – Bundalp; 5¾ Std. (Touren

Naher Kontakt zum großen Gebirge: Kleine Scheidegg mit Eigernordwand.

38, 39; West).

- 5. Bundalp – Hohtürli – Kandersteg; 6½ Std. (Tour 39; West).
- 6. Kandersteg – Schwarenbach – Rote Chume – Chindbettipaß – Engstligenalp; 7¾ Std. (Touren 42, 30; West).
- 7. Engstligenalp – Ammertenspitz – Lenk 6¼ Std. (Tour 31; West).
- 8. Lenk – Trütlisbergpaß – Lauenen – Chrine – Gsteig 8 Std. (Touren 16, 12; West).

Stichwortverzeichnis

Die Zahlen entsprechen den jeweiligen Tourennummern.